先生的课堂

跟张载

品国学

王颖 ◎ 著

中国华侨出版社
北京

图书在版编目（CIP）数据

先生的课堂：跟张载品国学 / 王颖著 .—北京：中国华侨出版社，2018.5

ISBN 978-7-5113-7604-6

Ⅰ . ①先… Ⅱ . ①王… Ⅲ . ①国学—通俗读物 Ⅳ . ① Z126-49

中国版本图书馆 CIP 数据核字（2018）第 042812 号

先生的课堂：跟张载品国学

著　者 / 王　颖	
责任编辑 / 高文喆　王　嘉	
责任校对 / 高晓华	
经　销 / 新华书店	
开　本 / 670 毫米 × 960 毫米　1/16　印张 /18　字数 /238 千字	
印　刷 / 三河市华润印刷有限公司	
版　次 / 2018 年 6 月第 1 版　2018 年 6 月第 1 次印刷	
书　号 / ISBN 978-7-5113-7604-6	
定　价 / 38.00 元	

中国华侨出版社　北京市朝阳区静安里 26 号通成达大厦 3 层　邮编：100028

法律顾问：陈鹰律师事务所

编辑部：（010）64443056　　64443979

发行部：（010）64443051　　传真：（010）64439708

网　址：www.oveaschin.com

E-mail：oveaschin@sina.com

前言

张载，字子厚，凤翔郿县（今陕西眉县），世称横渠先生。是北宋著名思想家、教育家、儒学家、宋明理学创始人之一，世人称其学派为"关学"，与周敦颐、邵雍、程颐、程颢合称"北宋五子"。宋理宗淳祐元年（1241年），赐封郿伯，敬称张子，封先贤。张载《横渠语录》名言"为天地立心，为生民立命，为往圣继绝学，为万世开太平"被当代哲学家冯友兰称作"横渠四句"，横渠四句言简意宏，为历代所颂，经久不衰。

北宋天禧四年（1020年），张载于长安（今陕西西安）出生，因《周易·坤卦》有"厚德载物"一语，故其名曰"载"。张载自幼天资聪颖，因其少年丧父，故成熟很早，十岁时师从外傅，便表现出了超于常人的志向和品格，乡邻称其"志气不群，知虚奉父命"。

宋仁宗庆历元年（1041年），因西夏经常扰掠宋朝西部疆界，而积弱积贫的北宋王朝为求取边境和平连年向西夏"赐"绢、银及茶叶等大量珍宝，青年时期喜论兵法的张载就此事向时任陕西经略安抚副使、主持西北防务的范仲淹上书，写成《边议九条》，向其陈述自己的见解和意见，希望联合焦演组织民团去夺回被西夏侵占的洮西失地，以为国家建功立业，博取功名。

宋仁宗庆历二年（1042年），范仲淹在延州军府召见二十二岁的张载。张载向范仲淹谈论了自己对戍守边防的问题以及护卫疆土、收复失地的主张，范仲淹对张载宏伟的志向高度赞扬，但却对张载说："儒者自有名教可乐，何事于兵？"他认为张载出类拔萃，知其必有远器，作为军师将领过于屈才，劝他不必在边防军务上下功夫，鼓励他去读《中庸》，把时间和精力都投入到对儒学的研究上，说他作为儒生发展儒学定可成为家国大器。

范仲淹的劝告对张载今后的发展方向产生了巨大影响，从此张载彻底弃武从文，回家开始饱读儒家经典。在刻苦攻读了《中庸》之后，张载并不满意，便又将佛家、道家之书遍读一通，感到这些书籍都无法实现自己的宏大理想，最终又转回到儒家学说上来，深读儒家"六经"。经过十多年的埋头苦读，张载终于悟出了儒、释、道相互联系、相互补充的道理，并在此基础上渐渐创立了自己的学说体系。

宋仕宗嘉祐二年（1057年），三十八岁的张载远赴汴京（今河南开封）应考，与苏轼、苏辙兄弟同登进士第，同时在开封相国寺设虎皮椅讲《易》，在此期间遇到了程颢、程颐兄弟。张载虚怀若谷，静心听教二程对《易经》的理解，感到自己的学问还远远不够。他对一起听讲的人诚实地说："易学之道，吾不如二程。可向他们请教。"二程也由此在京城名声大震。

宋神宗熙宁二年（1069年），御史中丞吕公著向神宗举荐张载，宋神宗召见张载并询其国政方法，张载"皆以渐复三代（即夏、商、周）为对"的回复令神宗非常满意，欲派其到中书省枢密院做事，因张载不愿参与时任丞相王安石的变法而推辞，被任命为崇文院校书。后因其弟时任监察御史的张戬反对王安石变法而株连，辞官回到横渠。

张载回到横渠之后，写下了大量著作，在此期间整日读书讲学，因讲学关中，故世称其学派为"关学"。

宋神宗熙宁十年（1077年），秦凤路（今甘肃天水）守帅吕大防奏请神宗召张载回京任职，以复兴古礼整治风化，张载带肺疾进京，任礼部副职同知太常。同年因病辞官返乡，途中病逝于临潼馆舍，享年五十八岁。

C目录
ontents

第三课
人学思想：为生民立命

第六课
教育观：穷人伦之理，尽无私之心

第七课
鬼神观：鬼神者，二气之良能也

第八课
自然观：不知张子，又乌知天？

第一课

张子其人

上承孔孟之志，下救来兹之失

"上承孔孟之志，下救来兹之失"是张载最主要的著作《正蒙》中的一句话。张载所有哲学思想的精粹，大都具体呈现在《正蒙》里。南宋时期的理学家朱熹曾给这部书做过注解，名曰《正蒙解》，虽然朱熹也很推崇这部书，可是他是站在理学的角度把张载大部分的理论曲解了。后世历代更有许多学者为张载的《正蒙》做注，其中最为精确的当属王夫之。王夫之的《张子正蒙注》，在充分阐明作者思想的基础上，更向前发展了张载哲学，为后人更好地理解张载作出了贡献。

- 01 -

张子平生：苦学不倦，乐而忘忧

张载是中国北宋时重要的思想家，开创了关学，是理学奠基者之一。张载被其后的思想家和政治家推崇之至。朱熹将张载与程颢、程颐对比，认为其地位与"二程"地位不相上下。他的思想深深影响了王廷相和王夫之两位大家的学说；张载的著作一直被明清两代视为理学的代表著作之一，被列入科举必读书籍之列，甚至御纂的《性理大全》及《性理情义》都曾收录他的著作，历代政治家对其赞誉颇高。

张载的思想在中华思想发展长流中占比颇重，后世思想界受张载影响颇深，张载的地位可谓举足轻重。而与其在后世不凡地位相距甚远的是，张载出生并非高官子弟，其祖、父二辈皆为中小官吏。而其父于其少年之时丧，他便承担起家族重担，较早就接受人生洗礼。

张载的政治生涯与其被后世政治家推崇程度并不成正比，大起大落是常有之事。而早年便经历磨砺的张载心智成熟，坦然面对。即便是身处所谓低谷之时，他仍能以平和心态对待。于政治不顺时，转而提升自己的学术素养，加强思想深度。

政途坎坷，未失初心：苦学不倦

张载其祖、父皆非朝廷大官，其父于上任之时病故，张载与其弟年幼，无法回归故里，因此便住在凤翔郿县横渠镇南大振谷口，这便是"横渠先生"

的得名之源。

张载少年之时，西夏（1044 年）经常骚扰侵袭北宋西部边境，宋军抵御无能，于宋仕宗庆历四年（1044 年）十月议和，宋朝向西夏"赐"娟、银和茶等大量财物，这些刺激到了"少喜谈兵"的张载。在他二十四岁时，为便于为国家建功立业，他向时任陕西经略安抚副使、主持西北军务的范仲淹献策，建议出兵攻打西夏，同时派出一些部队夺回被西夏抢占的土地，而此等设想却并未得到施行。范仲淹"儒家自有名教可乐，何事于兵！"来激勉张载这位可造之才研读《中庸》，张载则将满腔抱负转战到儒家经典研究上，并且有越战越勇之势，张载却因不满足而遍阅佛道之书，并于"六经"之中寻实现抱负之策，悟出儒、道、佛三教互补之理，使韩愈所开创的以"儒学为主、兼容佛道"之说得到进一步发展。

张载曾在汴京（今河南开封）讲学之际与程颢、程颐共同讨论道学宗旨，张载自认"吾道自足，何事旁求"，并认为自己在学术之上开拓探索的领域充分，不需再求别的事。

张载曾做云岩县令，在任期间办事极其认真，倡导尊老爱幼，极重道德教育。一到月吉之日，张载便会设酒席来招待乡里老人，询问居民的难处。每逢这时，就是整个乡里交流解决问题之时。张载"谆谆口谕，使往告其里闾"，确保颁布文告家喻户晓，政令得到进一步通行。在渭州任职期间，环庆经略使蔡挺与张载私交甚好，蔡挺对张载非常信任，只要与军事有关，无论大事小事，皆要资讯张载，可见张载在蔡挺看来是可靠的智囊。张载曾建议军资数十万救济灾民，救千万民众于水深火热之中，还为边疆兵防建言献策，提议撤销戍兵换防，招募当地人士取而代之来护防。

得御史中丞吕公著赞誉"张载学有本原，四方之学者皆宗之，可以召对访问"的张载被召见面圣，"皆以渐复三代为对"回复神宗治国问政的方法。但张载并未因此大展宏图，宋神宗虽想对张载委以军事重任，但张载对自己要求颇高，经历过一段时间的历练之后，宋神宗任命其为崇文院校书。当时正处于王安石变法期间，王安石也赞张载之才华，不时询问其对变法的看法，但张载对变法看法大有保留之意，后来张载因与王安石对新政变法有着诸多分歧，逐渐引起王安石反感。后因激烈反对王安石变法的张载之弟张戬被贬谪，恐被株连的张载递辞呈回到横渠镇。

坎坷中正心态：乐以忘忧

张载辞职回到横渠镇后，依靠家中数百亩薄田生活整日讲学读书，虽不富足，在这期间，他写下了大量著作，对自己一生的学术成就朝廷了总结，借乐以忘忧。《张载集佚存·杂诗》中"万事不思温饱外，漫然清世一闲人。"很好地表达出张载当时的心境：即便是只有一箪食、一瓢饮，也可效仿颜回当时即便身居陋室，依然可以在思想上取得不断进步。

张载过人的学识让他拥有众多追随者。"知礼成性，变化气质"的教育宗旨贯穿他的教学生涯，而其教学内容则包括儒道两家著名之作，包括《论语》《孟子》《中庸》，而《老子》《周易》也涵括其中。张载的学生也跟随其师实践恢复古礼及井田制。张载一方面用儒家经典来净化人的心智，以此来使民风得以纯正；另一方面为缓和社会矛盾作出自己的努力。

张载对井田制费尽心力，向皇帝呈报奏疏，说明自己对井田制的看法与主张，还亲身实践，拟照《周礼》的模式，并与学生们买地一块，划为私田、公田等分给无地、少地的农民试图用"验之一乡"来使井田制的可行性得以验证，张载虽未能亲眼看到蓝图实现，但在横渠向崖下村北田间保存至今的笔直的两条田埂，这个遗迹一直提醒着张载曾试行井田制以及兴修水利的功绩。在横渠向崖下村北田间仍有"横渠八水验井田"的故事，张载的事迹还被赞为"眉伯景田"，记录进《眉县县志》。

张载时临病重之际，因秦凤（今甘肃天水）守帅吕大防向宋神宗上奏，赞"张载之学，善法圣人之遗意，其术略可措之以复古。"张载仍坚持称"吾是行也，不敢以疾辞，庶几有遇焉。"对这来之不易的机会，张载拖带病弱之躯也要接下这梦寐以求的召回，期待自己在政治上大展宏图。他上任之际，有人上奏建议实行婚冠丧祭之礼，负责执行的礼官认为现实情况不同于以前，过去的礼制没办法在现实中施行，张载坚持以"非儒生博士所宜"反对礼官所举，立场非常艰难，病情随之加重，不久之后便辞行人世。观其一生，征途坎坷，但始终端正心态，笑对人生，为儒学发展贡献出巨大力量。

－ 02 －

张子著作：儒者通天、地、人之理

张载一生著述不胜枚举，自宋代以来对张载著作的叙述就学者众多，朱熹于《近思录》中的《引用书目》中罗列了张载的有关著作，即"横渠先生著作"，其中含有《正蒙》《文集》《易说》《礼乐说》《论语说》；赵希并于《郡斋读书志副志》及《后志》中载横渠先生张载著作有：《孟子说》《语录》《经学理窟》《横渠易说》。张载的著作传至元明期间，就有一部分失遗。明万历年间，沈自章编的《张子全书》基本涵盖当时张载的所有著作，收录了前人吕棘未提及的《横渠易说》，但却没采用称得上是权威的《张子语录》，文集也没有参照《宋文鉴》，可谓美中不足。

张载其文、其思想

张载历年的讲学记录为《张子语录》所载，张载自己的著作则被收录于《正蒙》《横渠易说》以及《文集佚存》。朱熹曾在《近思录》中将《经学理窟》作为"引用书目"，但在其有关传记中却未提及，就有人提出《经学理窟》可能不是张载的作品。但据明黄巩以及当代张岱年、杨向奎的考察，这本书应该是张载、程颐的语录类编，因张载话语比重大，借张载之名编了此书。此书非张载亲编，却反映了张载本人的思想。

对比《正蒙·神化篇》中"循物丧心，人化物而灭天理者乎？"与《经学理窟》中《义理》之"今之人灭天理而穷人欲，今复反归其天理"可以看出其对天理人欲看法相似；而对比《正蒙·诚明篇》中"形而后有气质之性，善反之则天地之性存焉"与《经学理窟》中气质里专讲"变化气质"的一节有异曲同工之妙。而《经学理窟·周礼》中几次谈论的关于井田制的问题，与《正蒙·有司篇》联系颇深。

朱熹好几次在谈到张载有关井田制的问题时，经常会对《经学理窟》的看法及观点有针对性，由此可见，《经学理窟》应该是张载的作品。历来学术界对朱熹不收录《经学理窟》至《近思录》有着不同的猜测。事实上《经学理窟》是摘取自《文集》《语录》和其他各种经说，这些著作在南宋都被保存完好，而《近思录》刚好有收录《文集》《语录》，以及各种经说，因此《经学理窟》就没有收录的必要了。

《经学理窟》是张载重要的著作之一，其年代具有可考性，依据《经学理窟》的《学大原上》的一段话"学者不可谓少年，自缓便是四十五十，二程从十四岁时便锐然欲为圣人，今尽及四十未能及颜、闵之徒。"可知《经学理窟》大概成书于张载五十一岁以后。

《正蒙》二字是《周易·蒙卦·象》的"蒙以养正"的精简浓缩，借以含订正蒙昧之意。张载对学生这样道："此书予历年致思之所得。"《正蒙》包含着张载对人世的智慧。张载认为此书意义非凡，学生亦对此书推崇之至，苏昞、范育赞此书"唯夫子之为此书也，有'六经'之所未载，古人之所未言"，"人伦"及"物理"辩证都可以从中探索出答案。

有许多学者为《正蒙》作注，其中最著名的注本是明代王夫之《张子正蒙注》，他的注不似一般的注解，他发展了张载的思想，是一部非常重要的学术著作。清代王植的《正蒙初义》算是所有注本中比较浅显、完善的版本，除此之外，明代王玑的代《正蒙会稿》，清代李光地的《正蒙注》、杨方达的《正蒙集说》以及当代喻博文的《正蒙注释》所作的注本都可进行参考翻阅。

学贵心悟，守旧无功

张蒙著作里的思想通过注释、解说、议论、引用经书的形式来体现。仿照《论语》《孟子》体例的《正蒙》，以及《经学理窟》《张子语录》《横渠易说》，皆是解经注经。

张载试图借北宋兴起的经学"义理之学"代替汉唐经学笺注之学，适应在传统儒学基础上建立新思想体系的新趋势、新发展。张载赞同宋仁宗所说"儒者通天、地、人之理"，儒者博学，明了古今之乱的源头，但因有"司务先声病章句以拘牵之"，儒学家不能充分发挥自己对经书的看法及理解，庆历前后，许多儒学家因此怀疑批评汉唐经注，甚至于对某些经书提出批评。

陆游曾如此评价当时情境："唐及国初，学者不敢议论孔安国、郑康成，况圣人乎！自庆历后，诸儒发明经旨，非前人所及。"张载像众多儒学家般，探究经书"义理"，即所谓的"义理之学"，是根据自己的思想观点来解说经文，取舍儒家经典。这种解释经注的方式在刘敞《七经小传》以及王安石《三经新义》已然刊刻发行，汉唐的经学笺注方式不再像以前般得儒学家之心。

义理之学于理学兴起之际就已经发展极盛，张载是最先实践"专凭己意解经"的人之一，《经学理窟·义理》中张载明确指出"学贵心悟，守旧无功"，表明其对汉唐经注之学的不满；《经学理窟·学大原下》提出治经应该要"濯去旧见以来新意""心解则求意自明，不必字字计较"。张载主张治经无须像章句训诂般"字字计较"，只需在理解经书启示下，创立新的思想观点。

张载在《经学理窟·义理》中说道"义理之学，亦须深沉方有造，非浅易轻浮之可得也。""饱食终日，不图义理"的学经者终是"卒无所发明，不得见圣人之奥。"张载不喜有些缺乏己见的"迷经者"，批评其不懂"于不疑处有疑，方是进"。张载代孔子立言，称"己首既定，虽孔孟之言有纷错，亦需不思而改之，复锄去其繁，使词简而意备。"

— 03 —

理学崛起：三教并行，儒学复兴

三教所指毫无疑问是儒、道、佛，而三教并行并非政治王权对三教单方面的定义，而是汉至隋唐数百年间中国思想界碰撞产生的火花。战国之后，名为显学的儒学基本上是以诸子学的身份被列为博士（一种官名）的，还借诸子学的形态进入秦代。而因焚书坑儒对文献的摧毁，适时产生了古今文经学。汉初的儒学因"黄老之治"受制，而汉武帝的"罢黜百家，独尊儒术"则将儒学推向思想领域的至尊之位。

独尊儒学直接带来经学的繁荣，因经学是政教的桥梁存在，渐渐经学体质膨胀，讲经方式也逐渐烦琐。因此释经内容空前庸俗，类似《春秋》是孔子为汉制法"等荒诞之词也随之而来。而经学的空前膨胀使得从董仲舒起，杂以阴阳五行，大量补释经典的经书甚至秦汉方士的言论充斥了经学，经学渐渐走向末路。

经学衰退根本在于儒学自身的烦琐化及庸俗化，精神感召力消失，玄学取而代之，玄学是道家精神的复活，玄学以超越追求著称于当时，主以援道入儒的方式步入思想文化领地。玄学之所以能取代经学主导思想文化，最重要的是超越的人格及玄思的清谈使士大夫跳出了对政治斗争的厌恶、反感、但却无能为力。玄学是道家在超越层面上沉重打击的标志。然而玄学凭借老庄智慧在超越层面上取代儒学以后，可谓已是强弩之末，以佛教为代表的佛学，渐渐有强过之势。

三教并行

佛教起源于印度，东汉时才传入中国，魏晋因兴盛的清谈之风，佛教与士大夫有双向交流，士大夫从谈玄到参究佛理，而佛教借老庄思想渗透中国文化，像是竺法雅、康法朗等凭老庄概念表达佛教学理的"格义"法，就是佛教借道教和中国文化沟通的表现。

要追溯当时社会思潮从玄学到佛学的始因，就是"儒学浅薄，不若老庄，老庄浮诞，不若佛理，于是舍儒学老，舍老学佛。"从经学到玄学，而从玄学又到佛学，这是中国从汉末到魏晋南北朝的学术大势。

隋代是佛教发展极盛之时，这因隋代以佛教为国教，同时国家的大一统使南北佛教合一成为可能，唐代借隋朝之余势，虽仍持续发展并保持高峰，但因遇到道教强有力的挑战，二者矛盾愈加激烈。佛、道两家在初创期互相学习、互相利用，等到逐渐成熟就显出排斥性了。对比佛教，道教在佛理的精深方面和宗教形式的完备方面还有传播、普及的规模上面，都处于劣势。

佛道之争转折于隋朝，佛教在南北朝及隋朝迅猛发展以后，道教不再采取借帝王取缔来给予佛教打击，而只是争取排位次序了。道教借李唐王朝这个绝佳时机赶超佛教，唐王朝初期不相信神仙长生之流的几位帝王欣然接受追封老子为先祖，对于道教来说，与王权结合就是赶超佛教的绝妙机会。唐王朝初建立之时，道士出身、任太史令的傅奕上书"除去释教"，《旧唐书·傅奕传》批评佛教"使不忠不孝，削发而揖君亲；游手游食，易服以逃租赋"；指责僧尼"糜损国家，寺塔奢侈，虚费金帛"。佛教的存在对国家来说就是一大祸事，皆表现出道教借王权政权之势打压佛教。

道教利用王权庇护以及拥有的一切特权，迅速发展本教理论，赶超佛教，发展不可不谓之迅猛。魏晋后的佛教正是依仗理论优势取代玄学，南北朝至隋代，道学依据外丹基础形成内丹理论，但主要是宗教形式的完善，并未在宗教理论上有所超越。唐朝为道教提供的种种特权使其赶超佛教成为可能，其主要表现就是道教"重玄"和"本迹"理论的完成。

"重玄"是对《老子》"玄之又玄"的精要总结，唐玄宗在《唐玄宗御制道德真经疏》中说"摄迹归本，谓之深妙，若住斯妙，其迹复存，与彼异名等无差别，故寄又玄以遣玄，欲令不滞于玄，本迹两忘，是名无住，无住则了出矣。"可助我们理解、把握"重玄"。玄之又玄就是本迹双遣或无住本迹，这源于佛教的中道观，与儒家之"执中"关系密切。魏晋起的玄学家不满足于天地之始、万物之母的宇宙生化论，而探"所以迹"的本体论。玄学家的本与迹、名教与自然是对峙状态。到唐代，玄学发展了一种新的宇宙本体论。

儒学复兴

道教与佛教的抗衡还有它的本体意识、宇宙生化和修养实践的统一让儒家得到启发。中唐之时，古文运动领袖韩愈一方面激烈反佛，发出再振兴儒学的呼声；另一方面以其《原道》《原毁》提出儒家道统理论，这为儒学复兴提供了明确方向。经学衰微使儒学失去了思想领域的至尊之位，虽自汉至唐，经学代代有传人，在朝为官者也多为儒士出身，但因佛道二教递相占据，儒教陷入了由汉至唐"学绝道丧"的局面。当时的儒学复兴不是传经的章句之儒所倡导，而是一些在仕途中郁郁不得志的词章之儒所鼓动，充分说明政教合一形式下经学之儒的无力。

初唐起，文学界酝酿一场变革，探寻革新之路。活跃于当时的诗歌，成为这一革新运动的先锋。由于陈子昂、柳冕的持续努力，到中唐，古文运动轰轰烈烈开展了。最初的韩愈是文学爱好者，但因久困科场，而在仕途上不得志，就萌生了为人为道的关怀。

汉末以后的儒学虽备受打压，但历朝历代都有庞大儒学队伍。儒学复兴的呼声既不来自经学之儒，也不来自社稷之臣，而是在仕途上郁郁不得志的词章之士。为什么会这样呢？有两方面原因：政教合一的经学塑造的儒士有两种类型：一是经师——章句之儒，另一则是仕禄之儒。因经学"幼童而守一艺，白首而后能言"，因此儒生只能埋首文献成为章句之儒；而仕禄之儒只能奔走在仕途之上。衰微的经学失去了精神感召力，从政教合一的领域退缩到庙堂之政和文献之经。在这种情况之下的经学没办法挑起复兴重担，经学因其政教合一的形式致使其"教"之功能萎缩。明白这个之后，就可以理解宋明理学家强烈反对章句之儒及仕禄之儒的原因，在儒生看来，这两类要为儒学在汉唐的不振负首责。

章句之儒发出儒学复兴的呼声，古文运动作担当，都取决于文学这种形式。文学与现实联系紧密，古文形式与其现实关怀的碰撞定会引发他们对文道关系的深一层思考。"文以载道"就是他们在"道"的角度重新审视"文"的表现。孔子曾说，礼失而求诸于野，在"学绝"的情况下，"道"只能存诸"文"，而古文运动的复古形式，他们自然成为"道"的发现者。儒学不振之际，只能文学之士率先发声了。古文运动是儒学复兴的先声，他们以师道自任的精神，自由讲学的论道形式，在传统的官方经学之外，为儒学复兴开辟了言论和思想的空间。

理学崛起的最大历史背景便由三教并行与儒学复兴所构成。儒佛道三教的争论成为理学崛起的重要原因，而唐代僧人宗密认为"测万行，惩恶劝善，同归于治，则三教皆可遵行；推万法，穷理尽性，至于本源，则佛教方为决了"。由此看来，儒佛道三教有着同一关怀指向。

- 04 -

儒学新视角：天人关系

天人关系自汉代便已经作为汉儒的中心论题而出现了，汉代的宇宙始源、生化关系都由天人关系理论发展演化而成。中唐韩愈的古文运动没有真正进行下去，宋朝开国，为免唐末的局面重现，采取了重文轻武的政策，客观上为儒学的复兴提供了条件。

隋时以佛教为国教和唐代佛道并存曾产生的问题使宋朝对儒学寄予厚望，宋代自开国起便形成了"礼遇儒生"的传统，这又成为儒学复兴的另一条件。尽管有了王权的扶持政策，儒学的复兴依旧是困难重重的。成熟的条件是儒学复兴的沃土，而这片沃土中最为重要的便是主要通过古文运动来实现的学风、思潮和知识分子对于儒家价值观念的一种群体的认同。宋初理学家凭借世界二重化的体用方法将天人关系的问题再度作为探索的重心，扩展了天人关系所能承载的理论关系。

理学体系的形成

韩愈倡导的古文运动难以有人继承下去，其发展也几乎中断了，当时的文人延续了六朝骈体华丽的文风，以后的文人文风基本都是追求文辞华丽的文风，长久以来的发展影响着文坛也影响着市风民俗，这样的发展到宋代使得统治者难以忍受，宋仁宗下诏，从王权方面对"文以载道"提出要求。与此同时，士大夫也意识到了文风的浮靡，要求革除长久以来的文风积弊。仁宗年间展开了革除积弊的庆历新政，而古文运动作为庆历新政的前奏在此时才形成勃发之势。作为儒学复兴的先声，范仲淹与欧阳修的名字始终连在一起。古文运动直接孕育了宋明理学，同时使范仲淹和欧阳修成为理学兴起的先驱。

尽管范仲淹和欧阳修不具备理学家的性质，但他们对于宋明理学的贡献是不可否认的，作为经世之儒，范仲淹是庆历新政的核心人物，而辞章之儒欧阳修则是古文运动的主要领导者。此二人培养了许多开拓性人才，成为理学崛起的主力军。且范仲淹、欧阳修二人以他们的"见道"精神为人做事，对儒学的精神和儒者为人行事的风范做了准确的示范，同时进一步揭示了理学的方向和主题。

范仲淹的"先天下之忧而忧，后天下之乐而乐"；欧阳修的"修其本胜以胜之"范仲淹和欧阳修的一系列行为使得自韩愈以后激烈的反佛意识转换为对儒学的本质探讨，这样的探讨是对理学的直接呼唤。宋明儒学的开端是"北宋三先生"。"北宋三先生"的思想意识都不参与政见，这样不受拘束的意味儿反而使得他们对于儒学的阐释更加接近先儒的意味儿，也更使得他们的追求与担当成为纯粹儒家式的。

"三先生"都有以经学应世，积极干预或服务于现实的表现。胡瑗的"明达体用"之学，"立经义治事二斋，经义则选择其心性疏通，有器局可任大事者，使之讲明六经；治事则一人可治一事，又兼摄一事。如治民以安其生，讲武以御其寇，堰水以利田，算历以明数是也"。孙复体用对举与统一的基本方法，坚持"春秋之义，非天子不得专杀"和"弑逆之人，诸侯皆得杀之"两个方面的论证。他曾说过："尽孔子之心者大易，尽孔子之用者春秋，是二大经，圣人之极笔也，治世之大法也。"石介对天人观念和"天"与"人"的思考回归到了《中庸》立场，他认为"《春秋》以天道终乎，六经其以人事终乎！……言人而遗乎人，未尽天人之道也。"同时为理学展开了天人两个方面，撑开了以往的体用观念。这一系列的发展成为"北宋五子"的理论前奏，在儒学的发展上是功不可没的，且这种影响在对理学的启迪方面表现得更为明显。

从范仲淹到欧阳修、胡瑷、孙复再到石介，从塑造人格的任务到为理学明确规定理论建树的任务，从完成义理之外的规定到用体用、道文、心言对纵撑开儒学完成义理以内的规定，再到用天人两翼的横向统一收起这两大领域。理学的规模、范围基本奠定了下来且其主题也明确地提了出来，理学的前期工作也就基本完成了。

体用两界有差别的统一

从范仲淹到石介所形成的理学的架构，周敦颐通过《中庸》《易传》的思想诠释进行理学创造。周敦颐所著《通书》是其理学思想的根本。周敦颐的思想不同于《中庸》"诚"为天道的概念，周敦颐思想中的诚是以人道内涵而作为天道之诚的。其思想概念是以"诚"来建本立极。周敦颐的理学是由人及天，也就是以人的道德为本体并上提到天的层面。张载与周敦颐的理学思想恰恰是逆向而走，张载的理学是由天到人，从天道论人事。张载认为"知人而不知天，求为圣贤而不求为圣人，此秦汉以来学者大弊也"。张载关于对《正蒙》体系的自我表述也是以天、道、性、心为顺序展开逻辑说明的。张载坚持由天到人，尽管由天开始探索，但最终目的却是人。张载的思想是给人生"立乎大中至正之矩"来实现"民胞物与"的至高人生理想。这也同时体现了张载与周敦颐的一致性。

世界二重化的体用方法使得无论是天还是人都可以用体用两层角度，两个方向来分析。周敦颐通过对"体"的活用将应用于人之道的"诚之者"上升到天道的高度；张载也是通过体用关系完成了"穷神化，一天人"的任务。

由此天人关系的新视角便可以确定为体用两界有差别的统一。周敦颐与张载对于理学的不同探索构成了他们哲学体系的特色，同时，作为理学的开创者，张载和周敦颐探索指向的不一致也奠定了理学有不同的传统和为学进路。之于张载而言，由天而人与本天道以推人事的探索指向既是他的哲学性质的决定者，又是理解他的疑难命题和把握他的哲学地位、作用的关键因素。

– 05 –

关学：再传何其寥寥也

　　关学发源于陕西关中地区，是北宋中期张载等一大批学者在关中地区创建的一个学术理论学派。张载讲学关中，故他的学术思想被称为"关学"。这个学派完全形成的时期为宋神宗熙宁三年（1073 年）之后的七八年。张载则是汇总了关学各方面的优点及成就，以达到完备程度的集大成者。本文要论述的便是张载时期关学兴盛一时，而在他去世之后却是"再传何其寥寥也？"的情况。

关学概况

　　在北宋末期，关中地区的学子们都一个个涌了出来，各种流派也开始兴盛起来，虽然他们都不一定是拜在张载门下的门生，但他们都习惯尊崇张载为"关中士人宗师"，他们继承了张载的学术精神，在思想上都受到了张载一定的影响，从而表现出一种大致统一的治学风范、价值观、学术主旨和精神气场。他们也因此变成了宋、明、清时期理学中的一个有地域文化特征的学术理论流派。

　　这个时期的形成是因为张载辞官归隐，在家中一边研究"六经"，一边广招学徒，宣扬自己的思想。跟着他学习的人越来越多，所以展现了如此盛况，关学也成为位四大学派之一，居于洛学之后的第二大学派。宋代远近闻名的四大学派有"关学"与周敦颐的"濂学"、二程的"洛学"、朱熹的"闽学"。

关学在张载以后，它的思想展现为两点，第一点是有些门生归属洛学，倾向于洛学，代表人物便是"蓝田三吕"，吕大忠、吕大钧、吕大临。他们三位汲取了洛学"涵泳义理"，空说心性的学术特点，但他们并没有完全遗弃关学的"学贵有用""躬行礼教"的学术精神特点。第二点是关学的"正传"发展，代表人物为长安人李复，他继承、弘扬并进一步推进了张载的"气本论"思想。在金元时期，杨奂的"户县之学"，又加上杨家三代子孙所创的"高陵之学"继续发扬着关学的学术思想，让关学得以在程朱理学一统天下的历史背景下进行传承与发展。

再传何其寥寥也

张载去世之后，关学的部分门生游师雄、种师道等都弃文从武，去参加征战，而吕大钧、吕大临、吕大忠三兄弟、苏昞、范育等归属到洛学，最后关学只剩下李复、田腴、张顺民等人，他们虽然也坚持继承着张载的关学，但是并没有找到相关史料，也几乎找不到后人进行传承的记载。因此，关学的继承在这几位门生相继去世之后也就停滞了。

王夫之与全祖望两位学者对于关学在此时消逝的原因进行了讨论。全祖望的观点"关学之盛，不下洛学，而再传何其寥寥也？亦由完颜之乱，儒术并为之中绝乎？"[1]他认为张载生前，关学的发展兴盛一时，也曾位居洛学之后第二位，在张载去世以后，关学的发展曾一度衰落，传承的人寥寥无几。

在北宋末期，女真族诸部之一完颜带兵入侵，关中这个地区受到了战争摧残，战火四起，居住在关中的文人学士逃的逃，死的死，关学的后继门生李复等人也死在了这场战乱之中，于是关学也就停滞在这个阶段了。而王夫之则认为关学消亡的原因有两点：第一点是张载门下都没有卓绝群

---

1 注：分别见黄宗羲、全祖望《宋元学案》之《序录》、《士刘诸儒学案》，中华书局1986年版。

伦的学徒门生，并且他没有把他的门生聚集起来一起进行他的思想传承和发扬。第二点是他没有司马光等有名的儒学学者在背后的指点与援助，所以关学的影响都还比不上邵雍的象数学。他们的讨论都是有依据的，但他们也忽略了张载思想的本身问题，他的思想含有非理学、反理学，这些也是导致它消亡的原因。

总而言之，关学也就是张载所创建的一个理学学派，在他之前没有师傅的教导启蒙，在他之后也无人传承下去，在南宋初期便停滞了。曾有史料记载，侯可与申颜的学术思想与关学有着相通之处，但是他们没有自己的理学体系，也没有招收学徒和设立门派，关学的一些基本思想在他们的学术观点中并没有体现，也无史料记载张载曾经拜他们为师，可能是受到过他们学术观点的影响，因此他们也不能当成是关学的创始者。

宋朝之后的关学

到了忽必烈建元之后，他对于儒学并不重视，把儒放在娼之后、丐之前，这便是"八娼九儒十丐"的来源。对于儒学这样的疏远，也让儒家思想再步入政治朝堂变得很困难。杨恭懿与其父杨天德、其子杨寅三代在这个时期全心全意继承与发扬关学的观点与其精神特质。他们祖孙三代专心致志地以讲学为生，宣传张载的学术思想的实学风格和为人"气节"。"杨氏三代""郁郁遗风"的美誉便是说的他们。元代文学家姚燧曾赞扬杨恭懿为"西土山斗，学者宗之"。杨氏三代的努力，终于使关学在元代尚未完全消失，也为明代关学的复兴打下了基础。

明代时期，因为王阳明而产生的一次思想变革风潮，许多理学学者在关中地区涌出，关学便在这时开始了中兴。在明朝初期，朝廷以理学建设国家，尊崇儒术，让儒家的诗书典籍遍布天下各地，这为关学做了铺垫。根据有关的史籍记载，在明朝中后期，关中的理学学者已经达到了百人之多。明代著名学者王阳明曾说："关中自古多豪杰，其忠信沉毅之质，明达英伟之器，四方之士，吾见亦多矣，未有如关中之盛者也。"王阳明这样的评价不是过分的赞扬，在历史上的关中学者受之无愧。高陵人吕柟和长安人冯从吾这两位是当时的主要代表人物，也是当时富有名气的理学大家，他们门下的学子遍布关中以及东南部。

但关学自冯从吾之后便"寥寥绝响"，这些在张载之后的学者，他们虽然讲学关中并且也有的招收门生，声势浩大，使陷入寂静的关中的学术界又热闹起来。虽然他们都非常崇敬张载，但是他们只是把张载当作一个关学的著名理学学者来尊崇的。他们的思想并不是关学的继承，关于张载的"太虚即气"的本体论思想、把"天道""天理""天性"等作为"气"的属性之类的思想就完全没有涉及。

所以说，他们的学说并不是关学，他们也并没有重新振兴关学的意思。他们的本身大多都是程朱理学的信仰者，也有些人是信奉陆王心学。他们只是关中的理学家，不是关学学者，思想也只是"关中理学"，并不是真正的关学。例如，当时的冯从吾著作《关学编》和张骥著作《关学宗传》，收录了明清两代的所有有名的理学家，但他不是按照张载的传承思想作为标准，只是按照关中地区收录。他们所说的关学，只是"关中理学"，所以关学的范围并没有延伸到明清时期。

宋明理学的思想发展过程中重要的一个脉络便是关学。虽然在很长的一段时间内一再停滞，甚至出现衰亡的痕迹，但之后理学思潮的发展，使它的本身自始至终都连结着一个相对独立的延续不断的脉络，在这个脉络中涌现出了一大批关中理学学者。但不得不承认，张载之后，再也无人能称为关学的代表人物，同时也缺少一些系统化的学说和思想主张，所以到现在有人提起关学时，很多人并不知道关学究竟是何物。这便是关学"再传何其寥寥也？"的整个过程及其原因。不过，张载的影响仍在，关学并没有成为绝学。

- 06 -

关学的精神：尊儒、重礼、务实

关学在北宋的庆历时期就开始萌芽了，儒家学者申颜、侯可便是当时的代表人物。一直到北宋时期的张载，他正式创建了关学这个理学学派。假如从关学的内在涵养性来说的话，它是宋明理学中一个具有地域文化特征的哲学流派。在关学的继承中，学者们的学术观点虽时常有变化，却体现出统一的精神传统。尊儒、重礼、务实便是关学的三大精神。

尊儒

关学在儒学史上是作为承前启后、继往开来的一个具有重大影响的学派，它从北宋到清末，延续了八百余年。

在北宋初年时，常年的征战和战乱环境使民不聊生，礼乐崩坏，当时的政治学者努力地寻找着解决方案，一边发展着生产，一边还制定出了"偃武修文"的文化对策。这个对策有一个值得关注的核心是复兴儒家的文化。当时加强中央集权与巩固社会制度的重要支撑便是儒学，儒学的地位也因此随之提升。由于当时受到官府的关注，文人学者在社会上的地位也得到了提升。

在当时，关学的学者都称自己为正宗的儒学家，在关学领域有所研究的学者们，他们的接待人和事的处理方式都时常体现出古代儒家的风范。在北宋的各家思想的代表人物和各个派别中，他们身上散发着关学的儒家气场是最为明显的。关学的精神之一便是尊儒，而张载的行为举动和说话言论，就会让人感觉到是一位学识精粹纯正的儒者。张载步入仕途的原因也是为了宣扬自己的思想和主张，当无法达成自己的期待时，他便解甲归田了。

他曾经和他的学徒说："孰能少置意科举，相从与尧、舜之域否？"他曾经去拜访过王安石，当时推行新法的便是王安石，但他们之间相谈不到一起，出现了意见上的分歧。因为在当时他已经深深地受到了孟子的影响，他的政治观念已经倾向于此，他主张"法三代，仁政必自经界始"，他想要借鉴古代人的典范例子，并用划分百姓田地的界限作为推行仁政的第一步。

虽然他的思想也是打算先把经济发展好，然后再改善劳苦人民群众的生活质量，最后再实行他的教化思维活动。他的作为验证了宋儒之可贵，未必在其学说，而在其理想高远而心境平和，是即孔子所谓"君子坦荡荡"。张载评判学派之间的曲直对错时，依据都是儒家的典范传统。他的心性、德行和言行全都展现出他尊崇儒学的思想，这已成为关学的一大精神。

在明朝以后，以理学建设国家，尊崇儒术，让儒家的诗书典籍遍布天下各地，这样的行为也让关学开辟了一条通往未来的光明大道，振兴关学。"关学始终葆其'躬行礼教'、力排二氏（佛道）的'崇儒'宗旨。它以'气本'、'气化'之学和'精思'、'实学'之风，同朱学、王学相依相离，鼎足而立，为宋明理学写下了独放异彩的篇章。"（《张载哲学思想及关学学派》）根据相关史书典籍的记载，在明代的中后期，关中理学家的人数已经达到了百位还多。

重礼

张载关学精神之一：重礼。在关学里，它的主要显现则是张载一直保持着躬行礼教、崇尚气节的风尚，正如黄宗羲在《明儒学案》中所说，关学学者"多以气节著风土之厚，而又加之学问者也"。清贺瑞麟亦谓"关中之地，土厚水深，其人厚重质直，而其士风亦多尚气节而励廉耻，故有志圣贤之学者，大率以是为根本"。

张载以"复三代之礼"为自己的理想，素来主张"以礼为教"，其学说也"以立礼为本""尊礼贵德"。张载从自身做起，作出了一个代表人物的典范。他在家中就实行了自家的改革，他对家中服侍的童子提出了要求，家中的佣人都必须懂得洒水扫地，酬答宾客。这是封建时代儒家教育、学习的基本内容之一，此外，尊老爱幼也是必不可少的。没有嫁人的成年女子都要来参加祭祀活动，练习、温习使之熟悉自己应该学习的礼仪。女子举行婚嫁仪式时，都要严格按照古代的婚丧嫁娶风俗礼仪制度去举行仪式典礼。而已经嫁出去的妇女，则要求不可以违背丈夫，还要多次温习与严格遵守《女戒》。

他尝试着以"知礼成性，变化气质"作为他的教育宗旨，更"以反身实践为事"，尝谓"子、曾、思、孟"立言垂训，盖欲学者体诸身，见诸行。充之为天德，达之为王道，有体有用，有补于世。关学的学者都以身作则把"躬行礼教"作为为人处世之道。他们还尝试了在平时的日常生活里恢复世代相传的、旧有的、传统的礼仪制度，去改变当时社会上的风俗习尚。

而张载在宋神宗熙宁年间，任职了同知太常礼院，他继续坚持着自己对于礼仪制度的观点。在他的任职期间，他全身心都放在恢复古代的礼仪制度之上，想要去发现当时的礼仪制度当中的不足之处，加以改正。但是在当时赞同他的人相当少。此后，他便郁郁寡欢，辞官归隐山林，希望回到关中和门人弟子完成他的最初志向，在横渠居住并进行讲学。他所著的《经学理窟》中说出了他重礼的观点，例如，关于丧祭的"期功之丧，始治丧服，轻重如礼"。此后，他的兄弟门生也继承了和发扬了重礼的关学精神。

务实

张载关学精神之一：务实。关学的"经世致用，笃行践履"这句话说的便是务实精神。张载青年时热衷于谈兵论战，之后进行理学研究时也依旧关注时事政治。《文集佚存》所记载的文章大部分都是怎么去防御敌人，守卫边疆的言论。隐居后，张载专心着力研究《周礼》，想要推行井田制和封建制缓和社会阶级之间的矛盾。"正经界，分宅里，立敛法，广储蓄，兴学校，成礼俗，救灾恤患，敦本抑末"体现出了他对现实世界的关心重视，展现了关学的"学贵于有用"。张载门生李复早年也喜欢讨论兵事，通读兵书，之后拜师张载，受到张载影响，对"天文地理"、《易经》、"律吕""礼乐""郊社""兵法"都有了深入的研究。之后他在朝廷编撰时，通读了《天文地理》《易经》《历律》《兵法》等书籍，并写出许多文章。

在当时，百姓对大自然的现象"日食""月食"都是带着封建迷信的思想去看待的。关中不少学者都精通研究星象、宇宙的结构和发展的科学规律，还为了证明自己的观点进行各种试验，来证明阴阳灾害异变都是无稽之谈。他们重视对大自然现象的研究也是对关学务实精神的继承。同样，宋元时期的其他关学学者也继承了他们的衣钵，他们关注现实世界，并且指出当时的错误和旧时不合理的观念，一起研究史学、历书、天文、古迹、经济等方面的书籍，合力恢复社会的肌体。此后，"真履实践"就变成了的关学主旨。"实学"的学术主旨和务实的精神自始至终贯穿关学的思想。

关学让一个时代生机勃勃，关学的学者都以尊崇儒学为己任，也关注看重"躬行礼教"的德行实践，这便是百姓风俗质朴、尊儒重礼的历史文化本源所形成的现象。关学，其璀璨之光芒，体现了历史意义的厚重，影响后世极为深远。关学的三大精神特质世代相传，在当代占据着重要的地位。

－ 07 －

关学后继者：以"天道"为精髓

　　张载提出的"关学"是以《易》为宗，以《中庸》为体，以《礼》为用，以孔、孟为法的思想。张载提出了以"气"为本的宇宙论，并从"气"本论的哲学思想出发，延伸出了"民胞吾与"的伦理思想，以此来确立了对于佛道思想的批判立场。此外张载还提出了本体论哲学思想。张载认为构成宇宙的主要是三个层次：太虚、枣气、枣万物，这三者有着同一实体但却是不同的状态，三者之间相辅相成，互为表里。这样的思想是一种"气"一元论的唯物论之本体论，也成为了中国古代朴素的唯物论哲学向前发展的里程碑。关学与一般理学的学派不同在于关学特别强调"通经致用"，他以"躬行礼教"倡导于关中，且特别重视《礼》学，同时也非常注重研究兵法、法律、医学、天文等各方面的事物。

关学的基本观点

　　关学的后继者大多师承二程，但他们的学术思想倾向都显露出对于关学基本观点的继承，与此同时他们也发挥且修正了张载的某些观点。

　　吕大临说："万物之生，莫不有气，气也者，神之盛也；莫不有魄，魄也者，鬼之盛也，故人亦鬼神之会尔。鬼神者，周流天地之间，无所不在，虽寂然不动，而有感必通；虽无形无声，而有所谓昭昭不可欺者。"由此可以看出吕大临的观点是继承张载的"气"本论思想的。根据张载对于鬼神的解释，吕大临将其观点发展为，万物由生到灭是气化流行的过程。

吕大临认为"气"的流行充斥于各个地方，无所不在，尽管它是一种看不见也无法用言语表达的东西，但它是一种不可否认的真实存在。再次，他认为"气"育万物，不偏不倚，是一种"仁"的表现，这种观点认为"仁"由"气"而来。同时这种观点与张载的"天体物不遗，犹仁体事无不在也"（《正蒙·天道篇》）的观点基本一致。

吕大临关于"理"与物关系的观点中又有与张载不同的东西。吕大临认为物的存在状态是由"理"来决定的。"理"是诚实不欺的意思，所以"理的特性决定了物的真实存在"。如此，吕大临的观点便出现了自相矛盾的问题，这也体现了他的观点游移于张载和二程理论之间。之后的另一位后继者李复恢复了张载关于"理"是事务条理、规律的观点。李复认为天体、日月都是永恒运动的物体，他们各行其是，有各自的法度与规则，这种"自然之理"的观点与张载的观点不甚相似。

张载对于"一物二体"说中"两不立，则一不可见"的思想，吕大临得出了"致一必先合两"的结论。吕大临提出了四对主要矛盾：一是守约与博学的矛盾；二是穷大与执中的矛盾；三是一致与合两的矛盾；四是用权与反经的矛盾。吕大临认为，了解矛盾，能够了解事物的本质，同时他也很欣赏儒家和老子，认为他们最懂得"凡物有对"的道理。他对老子思想的分析是对张载学说的继承。

以"天道"为精髓的关学

吕大临继承了张载关于"天地之性"和"气质之性"的学说，认为性就是天道，而表现在人身上的天道就叫作"性"。吕大临曾说："性与天道，一也。天道降而在人，故谓之性。性者，生生之所固有也。"与张载的观点基本相同，他认为先天的人性是"性"或者说是"天地之德"，而有差别的人性是"气质"。与张载不同的是，他认为"反乎性之德"主要靠自身的内心修养而不是张载倡导的内外结合以相调的方法。吕大临说："人心至灵，一萌于思，善与不善，莫不知之。他人虽明，有所不与也。故慎其独者，知为己而已。"他认为人有主观能动性，要把改变自我的主要任务放在个人内心修养上。他修正了张载将"尊德性"与"道问学"并举的主张，他认为"尊德性"应该放在首位，并说"德性，广大高明皆至德；问学，精微中庸皆至道。惟至德所以凝至道也。虽有问学，不尊吾自德之性，则问学失其道矣。虽有精微之理，不致广大以自求，则精微不足以自信矣。虽有中庸之道，不极高明以行之，则同污合俗矣。"这表明吕大临要求德性的最高标准与天地同样广大高明；问学的最后目的是要懂得精微之理和中庸之道。

在礼论方面，张载的"尊礼重德"思想为大家所接受。《乡约》《乡仪》是吕大临根据张载的礼论思想具体化的表现，其影响非常大。《乡约》分为四个部分：一是"德业相劝"；二是"过失相规"；三是"礼俗相交"；四是"患难相恤"，也便是朱熹所说的四条。四部分又各自分有子目，约二千余字。《乡仪》也分为四部分：一是"宾仪"，二是"吉仪"，三是"嘉仪"，四是"凶仪"。《乡仪》与《乡约》一样，每部分也各自分有子目，约四千余字。《乡约》的总纲是"德业相劝"，这部分提出了为人处世的道德原则，他是对《大学》"修身""齐家""治国""平天下"的伦理政治的具体化和规范化。这样的总结使得张载的思想道义便于在民间流传，推进了关学理想规范的社会风气的树立。"过失相规"是总纲下的子目，是对"德业相劝"中"能规过失"的具体说明。"礼俗相交"也是总纲下的子目，是对总纲中"事长上，接朋友，教后生"的具体说明，同时也是《乡仪》的纲要。"患难相恤"同为总纲下的子目，具体说明"德业相劝"中的"能救患难"。这些规定中都散发着人道主义的光芒，都是关学所留下的宝贵精神财富。《乡仪》是对礼尚往来的具体礼仪的规定，里面的规定体现了人们在平常生活中应当注意的礼节。

关学的后继者在张载关于关学的观点上既有继承，又有发展，尽管关于关学的完整体系暂时还没有形成，但是这些发展是关学发展历程上非常重要的一环，更可以说是开创性的发展，对于这些关学的继承，有许多可以挖掘的新观点。

第二课

天道观

为天地立心

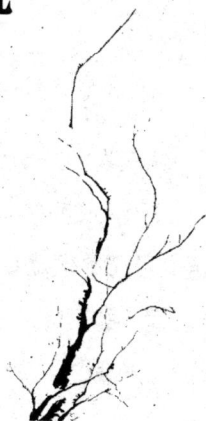

所谓天道观，就是人们关于世界本原的根本观点，它是围绕着人们对天以及天人关系的各种不同观点而展开讨论的。"天道"的字面含义是天的运动变化规律。世界必有其规则，是为天道。所谓天道，即万物的规则、万物的道理，一切事物皆有一定的规则。张载说："太虚不能无气，气不能不聚而为万物，万物不能不散而为太虚。循是出入，是皆不得已而然也。"什么是太虚，太虚是气的本源状态；什么是气，气就是组成自然万物的基本元素。张载的天道观，是以"为天地立心"的天人关系即人与自然的关系来讨论的。

- 01 -

立大本、斥异学

从儒学发展的过程来看，宋代理学最突出的特征就是将儒学哲理化，把儒学的宇宙论提升到本体论的层次。在北宋之前的历史中，儒学经历了孔、孟、荀以忠信为特征的诸子学时期，以人伦关怀为主，强调社会伦理秩序。而此后儒学经历了以汉代董仲舒政教合一为特征的经学时期，儒学与政权统治挂钩，所谓"圣人设教"顺应天意，强调天人合一，以人道应天道。

而汉代以后，经学衰微，中国在政治文化中崛起了佛教和道教两派，并且以独特的思想形式给近千年的封建王朝造成很大的震动。尤其从魏晋时期到隋唐五代，佛教大兴，佛学中充满哲理的本体论给儒学造成极大的冲击。王治心《中国宗教思想史大纲》中说："自王弼注老易，开六朝玄学之先，于是一般学者，咸以研精老易为一时之风，以为儒学浅薄，不若老庄，老庄浮诞，不若佛理，于是舍儒学老，摄老学佛，这便成了当时学术思想上的普遍趋势，老佛学说因而大兴，竟夺孔子的地位。"当时的文人几乎都沉迷于佛学智慧的思辨当中，儒学与佛学相比，只是"父父子子"的人伦秩序，是"君君臣臣"的政治秩序，缺乏对人生本质的关照。

虽然封建统治者时常排佛抑道，唐代文人曾指责佛教"使不忠不孝，削发而揖君亲，游手游食，易服以逃租赋。糜损国家，寺塔奢侈，虚费金帛"。意思是说，佛教打破了传统儒学的伦理道德观念，出家无后，不侍奉双亲君王，即是不忠不孝，而且佛家弟子和寺院增多，社会劳动力和国家赋税就减少，对国家的政治经济都造成不良影响。

但这样的排佛运动收效甚微，佛教在文人集团和百姓群体中都有大量的拥趸，儒学几乎无法与之抗衡。因此，统治者更多时候是采用儒、道、释三教并存的方式治理国家，管理社会生活。对于在朝与在野的对立渗透来说，三教并存是不可避免的事情，但对于曾经一学独尊的儒家来说，却是无奈的衰微和妥协。

就是在这样的背景之下，北宋的理学骤然崛起，将儒学的本体论阐发出来，并以儒学为立国之本，摒弃此外的一切异端学术，包括佛、道二教在内，都将被理学思潮席卷。

建立儒学的本体论

北宋开国六十多年里，国家政权的合法性已经得到朝野上下的普遍认同，因而在真宗以后，国家开始了重新确立思想秩序的过程，一场轰轰烈烈的"立大本，斥异学"的理学运动揭开帷幕。

《宋史·张载传》概括他一生学说："以《易》为宗，以《中庸》为体，以孔孟为法。"显然，张载的思想以传统儒学为理论根本，但从张载一生的研究来看，他所研究的儒学内容又与前代哲学家不同。他主要以儒学"六经"和《论语》《孟子》为主，通过对"六经"进行重新诠释，对佛教和道家思想进行"较是非"和"计得失"，同时也对汉代和唐代儒学进行批判性的总结。

张载认为道家是"人法地，地法天，天法道，道法自然"的宇宙论，用这种宇宙论解释万事万物的命运和轨迹变化，这是道家学说的基本特征。道家遵从自然法则，一切都从自然而衍生，却无法穷理尽性，以一种终极天道惩恶劝善。因此，道家思想只拥有宇宙论，而没有本体论。佛教虽然在穷理尽性方面超越道家，拥有穷理尽性的本体论，但它本身缺乏以天下为己任的襟怀。对于宋代王朝的思想统治而言，有害而无益。

而儒学本身是最具有本体意识的一种哲理思想。孔子以仁配天道，孟子以尽心知性来知天意，这里的"仁"和"性"都是天道所赋予的，这也是人生最高本体的落实。然而，"仁"和"性"往往被运用于现实关怀和伦理关系当中，孔孟的本体论就被限定禁锢在人道伦理的领域中，无法超越于外，成为一种哲理化的本体学说。到了董仲舒时期，为了形成大一统的天人合一学说，不得不采用一种近似宗教色彩的理论，将儒学从伦理转向天命，因而借助阴阳五行和迷信学说，实际上是融合了墨家和道家，最终形成了经学思想。

但是汉儒天人合一的天道观，仍然只能算是一种宇宙论，而不是终极的本体论，儒学本体论的问题始终无法得到解决。到了唐代，以韩愈为代表的儒者"文起八代之衰""道济天下之溺"，但他们谈仁说义仍停留在人伦范畴内，根本谈不到天道本体。同时，儒者们所设计的天道本体理论无法与人生道德实践统一起来，也就是说，即便儒学本体论确立起来，也是一纸空谈，无法作为一种信仰力量指导社会生活。

因此，儒家学说所面临的问题是，先要解决天道"本然"和"实然"的关系，然后从人生角度落实二者的关系，也就是说，要将天道本然的超越追求与现实社会人生的关怀统一起来。

诠释"六经"，摒弃佛老

孔孟诸子学说受困于伦理道德层面，而汉代经学烦琐迷信，缺乏超越的智慧，传统儒学的这些弊端成为佛老兴盛的导引，以致儒学一再屈于玄学、佛道二教之后。

针对这些问题，张载认为对"六经"有重新阐释的必要，汉代经学建立天人合一的理论，仅仅将天与人之间看作宇宙生化关系，天生养人，人是天之子，而缺乏对天道实践思想的建设。儒者只知道"乃祖乃父，传体相续，受得此身。远则混沌一气，剖为阴阳之二，二生天地人三，三生万物，万物与人，皆气为本"，也就是说，儒学思想中只知道"乃祖乃父"的人伦关系，最多知晓人和万物由自然之气所生，根本无法超越人伦，触及到天道的高度。

张载强调要对汉代经学进行再造，推翻从前儒学被限定在人伦的牢笼，从人伦到天道，从宇宙论到本体论进行层层超越，最后形成超越自然宇宙万物的天道本体论。同时，再从本体天道推演到人伦现实，将天与人、本体论与宇宙论、天道本体与人生实践论，完全统一起来，从而实现天道本然落实于人生实践的追求当中，完成天与人的双向统一。

这样一来，禁锢儒学发展的根本问题得到了解决，在北宋社会重新建立统一完善的思想世界，用它来指导全民的社会生活，包括政治、经济和文化，使北宋政权符合这种原则。这种天道本体被学者们称为"理"，如邵雍在《观物》中所说"天下之物莫不有理"，二程所说"天有是理，圣人循而行之，所谓道也"也正是张载所倡导的"理学"本体。

– 02 –

太和所谓道

"太和所谓道"出自张载的著作《正蒙》，是他天人哲学的逻辑起点，也是他建立理学体系的基础，更是其本体论与宇宙论的统一的表现。《正蒙》开篇写道："太和所谓道，中涵浮沉、升降、动静、相感之性。""太和"是出自《易传》的概念，《宋史·张载传》说张载的思想"以易为宗"，指的正是"太和"观念的树立。从儒学发展来看，张载以"太和"造道，他的太和之道是对儒家传统精神的继承，同时也是对中华民族至上观念的再造，这主要体现在张载对"天"的全新理解和阐释。

"天"的内涵

北宋建立初期，想要重建汉族统治的国家权威和秩序是非常困难的。从汉末儒学衰落，军阀战乱频繁，五胡异族统治，频繁的改朝换代，佛老思想泛滥，这些都使国家权威荡然无存，而且难以形成统一的信仰和政治秩序。同时，宋朝建国是由武力赋予的，权力往往超越了天命信仰，更让人无法确信这一政权的合理合法性。

因此，北宋的统治集团急需证明王朝的权力来自"奉天承运"，并且需要用一系列的文化策略来支持政权的合法性。那么儒家礼制的恢复和重建就显得非常必要，重新确立思想信仰的秩序也十分重要。因为在历代王朝中，都曾经借助一些仪式，来证明"天子"政权的合法性。在国家重大典礼仪式上，皇帝要用象征的方式与"天"沟通，向天发出告白和请求，接受天的庇佑，这种典礼仪式其实是向百姓暗示王朝的天赋权力和合法性。

但是由于宋代以前的思想信仰无法统一，百姓心中的传统"天道"已经崩塌，所以要想证明宋代王朝是得天地神灵庇佑承认的"正统"，就必须凸显"天"的内涵和意义。将"天"赋予了含义，才会有合法合理的"天子"和"天下"。在这种情况下，重建"天"的观念，不仅能重新确立统一的思想信仰，而且能建立起民族自尊和自信，因为在历史上的中国百姓，多认为自己在空间上是"天下"的中心，而且中国文明和信仰也是"天下"中心。但实际上异族的力量非常强大，想确立宋代王朝的正统，让汉民族在自信中理解"天下"的意义，对"天"和"天道"的诠释就非常重要，势在必行。

"天"的观念在先秦时期就已经形成，在儒、道、墨三家中都有不同的体现，诸家的侧重点也各不相同。孔孟所阐述的"天"，既有神性，又有自然性，同时也有超越意义，即将"天"的影响运用到伦理社会生活当中。只是儒家治国思想在先秦并没有得到统治者足够的重视，而是将儒家所倡导的仪礼逐渐繁缛化，发展到汉代，儒家思想往往形式大于内容，表面的礼仪超越了伦理实践。

这种情况愈演愈烈，发展到了汉代经学时期，天的超越意义逐渐被削减扼杀。以董仲舒为代表的天人感应理论，实际上就是神性与自然性的简单融合，用一些神秘的鬼神信仰取代了"天"的超越意义，"天"已经失去引导人生和伦理社会的内涵，更无法让人对"天"产生本体论的思考，这样一来，儒学的发展就逐渐烦琐僵化。

因此北宋要复兴儒学，崛起理学，首要的任务就是对"天"进行重新阐释。而张载的"太和"理论就是对"天"内涵的再次界定，用"太和"来统一"太虚"和"太极"，正是天具有三重含义的具体表现。也就是说，"太和所谓道"就是张载对天道的重新梳理和诠释。

具体的解释就是，"太极"指茫茫苍天，是天的宇宙自然含义。而"太虚"有神性和超越极限的本体意义，是人生之主宰，也是天的本体含义，"太和"则是统一了神性主宰含义和宇宙自然含义。与传统儒学相比，张载所阐释的"天"，具备了超越人生最高主宰的神秘力量，同时也拥有滋生万物的自然属性。所以张载说："天道四时行，百物生，无非至教。"这是天的自然属性。他又说："天视听以民，明威以民，故《诗》《书》所谓帝天之命，主于民心而已。"这是说天的超越属性。

"太和所谓道"实际上是儒学本体论和宇宙论同时构建，消解了汉儒天道观中的神学目的，将"太虚"与"太极"相统一，就实现了"太和"。

- 03 -

天道：太虚即气

张载在其一生的学术研究中涉及的内容有很多，其关于《论语》《孟子》《中庸》和《大学》的评说被合称为"四书学"，主要讨论的是"性与天道"的问题。除了"四书学"所研究的哲学问题之外，张载的其他问题研究可以用他写在《张子语录·中》的一句非常著名的箴言来概括说明："为天地立心，为生民立道，为圣继绝学，为万世开太平。"

"为天地立心"所说明的就是张载的天道观。"天地"指的是天地的本质和规律，是人们对于客观世界的理性认识，即为他的"天道"。虽然早在商代就已经出现了"天道"一词，且"四书"中也曾系统的强调过天道与人道的统一，但张载将其他各家学派的言论观点融入并丰富了"天道"。以《周易》的"气"论为基点来引入"太虚"的范畴，便是张载的天道："由太虚，有天知名；由气化，有道之名。"

天即太虚

"太虚"这个词最初出现于《庄子·知北游》："若是者，外不关乎宇宙，内不知乎太初，是以不过乎昆仑，不游于太虚。"有些人将"太虚"理解成为宇宙空间，其实这是不对的。

道学中，黄老道家认为，太虚是一个无穷无尽的宇宙空间，且太虚是万物的起源。《管子·心术上》中曾说："天之道虚""虚者万物之始也"，此处所提到的"虚"虽然不是后来完全意义上的"太虚"，但已经具备了后来"太虚"含义的雏形。《天元纪大论》中提到："太虚寥廓，肇基化元，万物资始，五运终天。"这里的"五运"说的就是金、木、水、火、土这五种物质元素的运行状态，天就是这"五运"的最初形态，太虚与天是同一个概念。

秦汉以后，有其他学派将这两者分离开来，认为太虚的地位和范围高于天；还有的将太虚等同于佛性和真知之类意识层面的产物，是"不可思量"的范畴，多见于受佛教思想影响下的经典传记，例如唐代禅宗的僧人及其后代都习惯于将太虚等同于类似精神性思维本体的东西。

张载作为一个大学问家，对历史上的那些名门各派的经书典籍也有十分深刻的认知。他将当时社会上存在的儒、佛、道家等对"太虚"的本质理解结合起一定的自然科学真理，形成了自己关于太虚和天体运行的完整理论。

《正蒙·参两篇》中记到："愚谓在天而运者，惟七曜而。恒星所以为昼夜者，直以地气乘机做旋于中，故使恒星，河汉因北为南，日月因天隐见。太虚无体，则无以验其迁动于外也。"古人将日月和金、木、水、火、土五大行星合称为"七曜"，张载在这里认为因地球自转有了七曜的出现和消失，人们在地球上观察到的星星和天空也是从北向南运转的。太虚在宇宙中没有实体，人们是无法观测到的，所以不知道它的运转方式。即将有形天象与无形的太虚进行对比，证明太虚是天的本质，由此可得出"由太虚，有天之名"的结论。

张载的"太虚"理论，不仅将天象与太虚联系在一起进行研究，更避免了将天象或者太虚作为单一理论研究对象过于神秘化的倾向，与之前的任何一种关于"太虚"的研究相比，更加客观性和科学性，受到后世思想家的认同和发扬。

太虚即气

"太虚"和"气"的理念在张载之前都曾分别被论述过，但都不曾将这两个概念进行系统的联系，没有正确挖掘太虚与气之间的关系。

《淮南子》的作者在其论述中认为，宇宙的基本本原是虚廓，"虚廓生宇宙，宇宙生（元）气"。虚廓是无限的，而元气是有限的，宇宙是虚廓与元气的中介。

张衡也曾发表过类似的观点。《灵宪》中他将太虚理解为虚无，沿用的是"无中生有"的想法，认为太虚可以产生元气，并将此观点大肆宣扬。

在道学里也是讲说虚生气的，认为虚依次化成神、气和形，万物根据虚而产生并在宇宙中无处不在，万物再经过相反的过程后复归为虚。这个过程就是虚、神、气、形之间的相互转化过程，也就是万物之间的轮回循环。虚被认为是气的主宰和万物的归宿。

这些学说虽然有认识到太虚和气之间是有某种联系的，但并没有完全的重述出来。张载将前人的这些观点加以总结整理后，在《正蒙·太和篇》中是这样陈述他关于"太虚即气"的想法的："太虚无形，气之本体，其聚其散，变化之客形尔。"

张载认为，所谓"太虚即气"，就是指太虚就是气的本体，太虚和气也就是气的最初始状态和气的形变状态。气的内涵无限小，外延的无限大就构成了气的至虚的本性，就是所谓的"太虚"。太虚之气才是世界的本源，任何一种变化都只是太虚之气暂时的状态。他发展并提高了《庄子》书中的思想高度，认为太虚之气充斥着整个宇宙，但又飘忽不定，是"游气"。游气结合以后生出万物，万物的差别只是游气凝聚的状态不同，并辅以动物、天象的变化来进行解释说明。

《正蒙·太和篇》中总结道："太虚不能无气，气不能不聚而为万物，万物不能不散而为太虚。循是出入，是皆不得已而然也。"世间大小万物，日月星辰，山川树木，尘芥鱼虫等凡是有实体、有形象的东西都是气聚成的，气的聚散是纯自然的，不以人的意志为转移的。

气聚生物，气散返归太虚，物有限而气无限。气聚气散，万物生生不息。"气之为物，散入无形，适得吾体；聚为有象，不失吾常。"不论形态的变化，气都没有失去它自身的变化规律，气的本性就是不消不灭客观永恒存在的。

张载的"太虚即气"的思想，因结合了前人智慧和一定的自然科学理论，虽然仍然处于猜测的理论阶段，但已经脱离了愚昧和一味的猜测，在中国古代关于宇宙起源和发展理论史上具有非常重要的意义。

- 04 -

气之聚散，万物之生灭

张载在他的"天道"中所阐述的观点为"太虚即气"，这个"气"在他的观点中看来，"气"是永恒存在的，人们看不见它是因为气的原始状态是无形可见的，但是人们看不见的并不代表气这种事物是不存在的。他在"四书学"中所伸张的"太虚即气"，其实说的是气的原始状态，万物的区别在于气不断变化的形态。

张载在《正蒙·太和篇》是这么形容气的："太虚无形，气之本体，其聚其散，变化之客形尔。"他认为，"太虚之气"才是"气之体"，才能成为世间万物的本源。那什么又是"太虚之气"呢？《正蒙·诚明篇》中张载有写到"气无内外"，只有气的内涵达到无限的小，气的外延才能达到无极限大的状态，这样才能让气至虚的本性发挥出来，即张载所理解的"太虚"。

太虚与气

"太虚即气"的天道一经提出来，就受到了当时乃至后世许多思想家、哲学家的追捧，是因为他十分出色及完整地解释了气是怎样与世间万物产生联系的难题。这个难题最早在《国语·周语》伯阳父论中被提出，即"天地之气"。后来的其他经典著作中也曾有提出，但是并没有很好的解决。

在《庄子·知北游》中庄子谈论人的生死的时候说道："人之生，气之聚也。聚则为生，散则为死。"庄子是把气分为聚和散这两种状态言论的第一人。张载在庄子的言论上进行深化拓展，他将气总结提高到世界本原的问题高度上来进行阐释，认为最原始状态的气就是"太虚之气"，是离散的状态，缥缈不定地充斥在整个宇宙中，气聚则物生，气散则物灭。

张载在自己的著作中反复强调太虚与气的不可分割性，认为脱离气的太虚是不存在的，太虚与气的关系就是本体和现象的关系。然而这正是张载哲学思想的核心。因为有气，太虚才能显现出始终如一的性质。若气是本源，那么太虚就是对本源的一种超越。

太虚与气的关系就是两者不可单独分割，太虚就存在于气化流行的过程中。张载认为太虚是比气更为顶端的事物，是超越在其之上的，所以才能够形成世间万物的物体形状。与张载的"性与天道"的思想结合在一起，就得出"性"其实也就是一种太虚的形态方式的表达。对张载来说，太虚和气是代表着两个不同层面意义上的事物。太虚是超越了性质的本体而存在的，气则是随着聚散不同改变自身形态化为世间万物存在的现象。太虚和气其实也是形而上和形而下的统一。

虚能生气，这是一个从张载之前就有人在秉持着的观点，认为气是有限的然而虚是无穷的，最终思想延伸的结果就是从无中生有。然而，从一个事物的本体衍生出来的事物居然要比本体的意义范围还广泛，并且超越了人所能意识到的无限和永恒，这种理论实际上是不成立的，因为其抹杀了本体的存在性。不管是割裂了本体还是割裂了结果现象，这种思维方式都是不可取的。

张载将"虚能生气"这个观点的矛盾化解于自己的言论之中，秉持太虚和气是不可分割的，不管是"有无、隐显"还是"神化、性命"，这些都是本源和提醒的关系，都是太虚和气的关系的表现，所以"太虚即气"就是张载的观点。

气合生物，气散物灭

张载在《正蒙·太和篇》中写道："游气纷扰，合而成质者，生人物之万殊；其阴阳两端循环不已者，立天地之大义。"这句中的"合"，指的就是气在聚合时候的状态。对于他来说，气是一个初始性的概念。张载认为，气在聚合的时候才能产生有实质体的东西，世间万物才能因此而产生。世间万物之间形状性质的差别其实就是气的不同凝聚状态之间的差别。

他在自己的著作《正蒙》中也以天象中云雨之间的变化为例进行剖析："阳为阴聚，则相持为雨而降，阴为阳得，则飘扬为云而升。"接着又将观点深化，认为阴阳二气"其聚有远近虚实"的各种情况。甚至还拿动植物举例，认为动植物只是气聚合的不同状态，动植物的生死都是气聚气散的结果。

于是，世间万物无论山川河流，无论树木花草，无论鸟兽虫鱼，但凡是有实物、有形象的东西都是气聚的状态下的产物和结果。这个结论在《正蒙·太和篇》中有所归整："太虚不能无气，气不能不聚而为万物，万物不能不散而为太虚。循是出入，是皆不得已而然也。"

气是客观存在的，它有着自己的规律和存在方式，是不能以人的意志力为转移的。并不是说我们看不到气的物质形体的存在，就认为气是不存在于物质社会的。万物终将归于气，气也会在适当条件下形成不同形态的事物来构成这世间万物。对于历史看来，万物是有限的，气则是无限的。

"气之为物，散入无形，适得吾体；聚为有象，不失吾常。"张载在书中有如此记载。万物皆是由气聚而形成的。气的聚散，物质的存在与毁灭，这是个纯自然的过程，不受任何其他外力的干扰和控制。无论是聚合还是离散，气都没有遗失掉它自身特有的变化规律，气合生物，气散物灭；物生是气的聚合，物灭是气的离散。气不变，物质生生不息，由此，整个社会历史才能生生不息，一直将生命与文明传递下去。

– 05 –

"两端"说：一物两体

张载在"四书学"中也借鉴了其他学派的思想。天道观在张载的思想中占有非常重要的地位，除了"太虚即气"的思想之外，他还强调了"一物两体"的思想。张载的"一物两体"是在潜心研究儒家的经典著作后，形成了一套以发挥"四书"中的义理为主要内容的思想，是借用"四书"中的"两端"说的理论。

所谓"两端"，指的是事物的开头和结尾这两方面。《论语·子罕》中云："有鄙夫问于我，空空如也。我叩其两端而竭焉。"在《中庸》中也对"两端"有这样的说法，评论舜的行为是"执其两端，用其中于民"，但这里将智慧和愚笨作为两个极端的对立，也是"两端"。张载将《周易》里的思想和道家的理论结合，把"气"分为阴和阳两个对立端，将这两个对立面的交感变化称为"两端"。

《正蒙·太和篇》中准确陈述了张载对于"两端"的看法："其阴阳两端循环不已者，立天地之大义。"两个极端的对立，在两端之间互相循环不断，张载认为这是天地之间运行的不变法则。他也将"两端"称为"两体"，进一步发展了"一物两体"的学说来解释他在"太虚即气"的思想中提出的气聚气散的说法的根本原因和依据。那么，到底什么是"一物两体"呢？

事物都是由"两端"构成的

张载对于气的运动有"天唯运动一气"的看法，认为气的聚合和消散反映了气是运动的这一本质。还借用《周易》中"太和"和《庄子》的"野马"的概念来对气的运动进行解释："气坱然太虚，升降飞扬，未尝止息，《易》所谓'絪缊'，庄生所谓'生物以息相吹''野马'者与！。""絪缊"在这里是讲所谓的阴阳二气之间相互的作用，而用"野马"来形容气的游动就像尘埃或者野马那样不会停止或终结，张载就将气之间的相互作用和气的运动这两样合并起来称为"太和"，意思就是世间万物都能按照自己的本质规律进行运作的话，那么世界就是和顺的，就能朝着有利的方向发展。

"四书学"中张载还对地球以及其他星球有过研究，总结得到"动非自外"的结论，认为气是由阴气和阳气"两端"构成的，是气内部对立的两个方面，气是在阴气和阳气两个对立端内的运动，其他世间万物也如气的运动这般，于是就有了这个复杂多变的"两端世界"。

但是世间万物的"两端"并不都如气那样分作阴和阳，而是根据这个事物本身的性质和规律，按照其自身特点的差别性和变化发展方向来进行划分。在此处，张载以他最为熟悉的"气"举例分析：气分阴阳，是因为它其中既有虚，也有实；既有动，也有静；既有清，也有浊等其他具有差别性和对立性的两端，所以气是一个复杂的综合体。同时，因为气又是其他万物的根源和基础，其他万物也具有气这般复杂的性质。

那为何如此多样的复杂性能同时存在于同一个事物当中呢？张载对此问题所作出的解释就是他认为事物之间的"两端"之间虽然各有差异，但是在物质之间是存在互相感应的关系的，即"相感"，"两端"和"相感"之间的关系，就是"一物两体"。

一物两体

张载在《正蒙·参两篇》中对"一物两体"的概念是这么说的："一物两体，气也；一故神，两故化。此天之所以参也。"曾有学者将"一物"理解为气，也有人理解为统一的物体，但过于片面化，并不能完整地体会到张载思想的核心。

张载所说的"一物"，用他的话来说是"物质的感应性能"，"一"是"相感"，"二"就是他所陈述的"两端"；"一故神"是说气可以进行伸缩和延展，"两故化"说明气的形态是可以变化的。将上述的这些概括下来就是说阴阳两端可以相互感应的是气，"两端"和"相感"是共存的，二者缺一不可，在本质上是统一的。

"相感"是从"两端"里引申出来的另一个概念，被张载认为是一种由自然而感发的现象。"感"是张载化用"二气感应以相与"后提出的一个十分重要的范畴，他反复强调"两端固有感"，但是"两端"之间的相感又是一种十分复杂的关系，可以求同，可以生畏，可以因为相荡然而又互相求索，也可以两者相互并存但又相互牵制。

这两端之间相互渗透，与人类社会生活及大自然之间固有存在的规律是完全相符的，张载便将这种现象称之为"感"的合异功能。"以其能合异，故谓之感；若非有异则无合"，他把"两端"相互转化的基本形态称之为"泰极则否"，也就包含了物极必反的思想，这些都不是以人力可以控制的东西。张载思想中最为闪光的地方，则是将气和世间其他事物严格地区分开来，具体情况具体分析，不同事物也有不同的状态，不能一概而论。

一切运动都是有规律的

"两端"说中还包含着一点，张载认为世间万物的运动都有其自身规律且不是外力可以干扰并控制的，他将这称为"天序"和"天秩"，但这二者所表示的概念又是不同的。"天序"是运动在时间上经过的必然次序，所表达的是持续性；"天秩"是指运动在空间上所表现出来的占据体积和位置的合理组合，所表达的是延展性，这两者加起来，就是张载心中的"理"。

"天地之气，虽聚散，攻取百途，然其为理也顺而不妄"，张载虽也有讲"理"，但他并没有过多地阐释理与气之间的关系，"理"多是为了阐释"四书"中的认识和伦理，也是在"气"的运动变化中虽复杂但是能保持不变的根源，因为一切都是按照"理"来进行的，是世界的总的秩序。张载将"理"上升到了"道"的理论高度。

物质的运动不仅有形态的变化，其规律秩序的变化在发展中是动与静的统一，即是"一物两体"的概念，认为动与静是不可分离的，二者相互依存和转化。直到今日我们才能发现，张载对于运动的认识多么具有客观性和科学性：静止是相对的，运动是绝对的，运动是静止状态的一种永恒存在。

与此同时，运动中还含有化与变的统一。"化"与"变"是从《中庸》和《周易》中所提出的两个概念范畴，"化"指的是人生的变化，而"变"就是自然的变化。世间万物都是以气的形态不断变化而存在的，所以化是短暂的，终究会产生变。两者是准备和结果的关系，在事物的逐渐化形和显变之间产生事物质和量的变化，由此推动事物不断向前发展，从而引出"富有"和"日新"的概念。

"富有之谓大业，日新之谓盛德"，这些说的其实都是人的道德修养，但在张载这里他又将它们赋予了新的含义。张载将"富有"看作是一个空间概念，主要指"空间大而无外"的无限性；将"日新"看作是一个时间概念，主要指"久而无穷"的无限性。张载认为，事物之间的交替是超越了时间和空间的一个永无休止的变化过程，旧事物不断消亡，新事物不断出现并取代旧事物，人们只有不断努力不断奋进，才能够适应事物变化的趋势和潮流。

— 06 —

相感："两端故有感"

　　张载所提出"一物两体"的思想观点，其实最早出自"四书"中的"两端"说，《论语·子罕》有言："有鄙夫问于我，空空如也。我叩其两端而竭焉。"在这里，"两端"指的是事物的始和终这两方面。《中庸》中说到舜时，有这样一句——"执其两端，用其中于民"，也就是说，舜用智和愚这正反两方面为"两端"，借此来治理自己的臣民。

　　张载说："其阴阳两端循环不已者，立天地之大义。"这句话阐述的是两个对立面的对立交感，它们是不断循环的，这即是宇宙演变的总规律。不难看出，他的这种思想汲取了《周易》和道家中相关的思想，把"气"的阴阳称为两端、把对立面的交感变化看作其变化的两端。

两端即两体：太虚即气

　　张载有时也称"两端"为"两体"，他有关"一物两体"的矛盾学说便是从这里发展出来的。张载借"两端"思想，从矛盾中揭示出气聚气散的内在原因和动力之所在，使"太虚即气"的思想更加深化。

　　在张载看来，气的聚和散，反映的是气作为一种运动的本质属性。所谓"天唯运动一气"，也就是说，气是运动的气，运动是气的运动，气与运动是不可分割的。

　　因为"气有阴阳，屈伸相感之无穷"，所以才足以形成聚散离合的无穷变化。而气的相互作用及其运动的总名称就叫作"太和"。"太和"出自《周易·乾·彖》："保合太和乃利贞。"其中意思是说，宇宙间各种事物都是按照自己的本性生息的，这样才能向有利的方面正常发展，以便于保持在一个和顺的状态。如张载所说，"太和"是指运动的统一体，一个运动的统一体，就是一个"和"，气是最大的运动统一体，所以叫作"太和"。

而"太虚"，说的则是气的物质结构，所以"太虚"和"太和"之间既有区别又有联系，它们从不同的侧面反映了气是运动着的物质这一本质属性。

动非自外：动必有机

既然"气"是运动着的物质，那么它运动的机栝、原因又是什么呢？就此疑问，张载在研究地球和其他星球自转时总结出了"动非自外"的思想，他认为气是由"两端"构成的，而这里的"两端"指的是事物内部对立的两个方面，也就是说，气的运动是"阴阳两端"的运动，是属于事物自己的运动。

"阴阳两端，循循不已"，在错综复杂、变化万千的"两端"世界里，从天体、天象到每一个事物，都逃不出"天包载万物于内"这一思想。

张载认为，天体运动"刚柔"无穷，天象运动"寒暑"无穷，一切运动"屈伸"无穷，还有气的聚散无穷，都是"阴阳两端"在不同领域内的不同表现，所以世间一切都不会超出"两端"相互作用的范围而存在。

既然事物都有由"两端"构成的，那么如果事物没有"同异"，就没有区别；没有"屈伸"，就没有发展；没有"终始"，就没有转化；没有"有无"，就没有存亡。在张载的思想里，没有"两端"事物就不能成其事物。张载由此得出了这样一个结论，大自然中的事物虽多，但有一个共同点，即"无无阴阳者，以是知天地变化，二端而已。"

相感：两端故有感

"感"是张载参照《易·咸·彖》所提出的一个重要范畴。在张载看来，咸者，即感也。同时，他在提出"二气感应以相与"时将"阴阳两端"的"相感"，总结为一种自然而然的现象，这种现象就如同声发响随、形存影附那样"无复先后，有动必感，有感必应。"基于此，张载在其思想著作中反复指出："两端故有感""有两则须有感，然天之感有何思虑？莫非自然。"他始终反对在感应问题上的留有神秘观点。物质"两端"的相感，有着"以同而感""以畏而感""相荡"而又"相求"，"相兼"而又"相制"这种种复杂的情况。

除了早期"以同而感""相畏而感"等说法之外，张载在《正蒙·参两篇》中则提出了以下的理论公式，即所谓的"以同而感""以异而应""以相悦而感"，也就是他后来说的"相求""相兼"，同时也指物质"两端"的相互渗透，如同社会生活中人们思想交流，男女之间的性生活，自然界中的异性相吸，气的"缊相揉"，张载把这类情况称之为"感"的合异功能。

"感，即合也""以其能合异，故谓之感；若非有异则无合。"张载解释说，所谓"相畏而感"，说的是"相荡""相制"，也就是物质"两端"的相互转化，他把"两端"转化的基本形态称之为泰极则否、物极必反、非力所及，不是人力所能抗拒的趋势。张载认为，物质的"两端"，是由其自身的差别性和发展的不平衡性决定的。在他看来，气的"阴阳两端"就是一个包含着虚与实、动与静、清与浊、聚与散等无限差别性和不平衡性的综合体，同样，作为气的具体形态的一切事物，也都是万有"不齐"的。

那么"两端"转化的基本过程又是什么呢？对此，张载将其归纳为："气本之虚则湛一无形，感而生则聚而有象。有象斯有对，对必反其为；有反斯有仇，仇必和而解。"至于具体事物，张载认为可以分为两种情况：第一，"屈伸相感而利生"，也就是说对立的"两端"在经过矛盾斗争以后，双方各自向有利于自己的方面转化，共同发展，这也是所谓的"仇必和而解"；第二，"较是非，计得失"，也就是说，一方战胜另一方，取代另一方，如果这样的话，那么就不是"仇必和而解"了。由此不难看出，张载所讲的"两端"的转化，是严格区分了气与具体事物的转化，同时也需要兼顾具体事物之间的不同情况，这也是张载思想中的重点和超过前人的地方。

多样性的世界，为什么又是统一的？这是因为物质的"两端"存在某种互相感应的关系，所以张载通过分析"两端"及其"相感"的关系，将其称为"一物两体"，同时也成就了其"两端"思想的精华，两端故有感。

– 07 –

阴阳二气："化"与"变"的运动

在张载的哲学思想观念中，世间万物是由"气"组成的，但"气"也是分阴阳的，且称气的阴和阳为两端，这当中也包括他所谓的"对立面的交感变化"，这是他从《周易》中摘择而来的概念之一。但张载的"两端说"并不是这么简单的一个理论。

张载对于宇宙运动规律的认识都建立在他"太虚即气"的气本论的理论基础之上，气的千万种变化的结果体生了不同形体和性质的物体，而这是因为太虚之气是阴和阳两种气体的结合体，所以太虚也被称为"元极"，是处于混沌状态下的。元极划分阴阳后形成太极，组成太极的就是阴和阳。

"化"与"变"

物体生灭的实质为气的运动，从无形发展成为了有实体的物质，再从有实体的物质转化回无形，无法判定阴和阳之间的任何一个是气的永恒主导，因为这个主导地位在阴和阳之间是可以实现相互转化的。短时间内有一个会是主导，另一方则就处于劣势地位，但阴和阳、无形和有象总是存在于一个统一体内的，所以阴阳之气的运动其实就是在一个统一体内有秩序的运动，而这个秩序被他称为"天序"或者"天秩"，在发展状态上的体现就是"化"与"变"的统一。

张载所言的"化"是从《中庸》中选取的一个范畴，指的是人生的变化。

《正蒙·神化篇》中写道："气有阴阳，推行有渐为化，合一不测而神，"在谈论到气的生化作用的时候，张载也说"其阴阳两端循环不已者，立天地之大义"，气是万物生成的本因，但气能生化，则是通过阴阳两端的循环实现的。但因为人生是短暂的，所以化的状态也不是长久的，相对于化，张载就提出了"变"。

在《周易·系辞》中对于"变"的概念有较多的阐述，多是用于表达自然的变化。张载所引用的就是"化而裁之存于变"和"化而裁之谓之变"，认为化是变的根基，变是化的结果。短暂的"化"在经过一定量的积累就转化成了"变"，也可以将"化"看作"变"的必要准备，"变"是"化"积累到一定量的质变结果。

张载也将"化"与"变"称为"渐"和"著"，在《横渠易说·乾卦》中对此有他的解释："变，言其著，化，言其渐。"化是逐渐的，但变是非常明显的可以被察觉的，变和化两者不能够脱离存在，而是相互依存相互转化的一个结果。

"化"和"变"运动生万物

张载对"化"和"变"还坚持一个观点："'变则化'，由粗入精也；'化而裁之谓之变'，以著显微也。"这里的"粗"和"精"是事物的两个不同状态，"粗"即为事物刚刚初生时的混沌、粗糙状态；"精"即为事物在成长阶段时，相较于初生阶段而言的成熟状态。这句话的意思就是事物由"变"产生的时候，在初生状态时是一种混沌粗糙的状态，需要经过"化"的成长过程才能变得相对成熟；但因为化是一个非常显微的过程，需要一定量的积累以后才能达成变，通过变就能看出来化的成果，这是一个用非常显著的现象去反映微小的效果，即"以著显微"。

阴阳二气在遵循一定的规律所发生的运动，在现象上所表现出来的就是事物的生灭，实质上就是"化"和"变"的运动，"化"通过一定量的积累达成"变"，在张载看来就是"推行有渐为化"；而在事物产生"变"的现象之后，要通过一定量的"化"的积累到阴阳二气重新组合再发生"变"，这样的过程就是"合一不测为神"。将"化"与"变"视为同一事物相同阶段的"缓"和"暴"的过程，那么"缓"会发展成为"暴"，"变"和"化"会交替出现在事物发展的阶段。

张载在《正蒙·乾称篇》里概括了他的思想："天包载万物于内，所感所性，乾坤、阴阳二端而已。"气是由阴阳二气所构成的，阴阳两端的运动的实质其实就是气的运动，是发生在同一事物内部的。气的运动是循环不已且不以人的意志或者其他外力因素所干扰的，同时，气是无生无灭的，是不灭的永恒的客观存在。最终形成错综复杂、烦琐多样的两端世界，无论是天体还是其他任何一个事物，都是遵循这样的一个规律在不断地发展下去。

至此，张载哲学中关于宇宙的本体论就基本形成了一套完整的理论观点，在气本论的基础上构建了一个循环不已的体系。

– 08 –

"天道"与"人道"：天人合一

张载在"四书学"中提出了"太虚即气"的"天道"观，讲述他关于世界本原和万物长消变化的看法，那么与"天道"相对应的"人道"观念中，张载就提出了"天人合一"的思想来对自己的说法进行更加完整的诠释。

"天人合一"的思想最早是由庄子提出的，《庄子·达生》中这样说道："天地者，万物之父母也。"将世界之道论分为三种，即"天道""地道"和"人道"，各有其道。"天道"是世间万物的始源；"地道"让万物从空虚之态萌发，形成实体；"人道"的作用在于"成万物"。这三者之间虽各不相同，却都是相互联系、紧密相关的，只有三者和谐运作，天地才可顺畅发展。

在封建社会，统治者为了巩固政权，声称自己是天的儿子，故称"天子"，是代表天的旨意在人间行使权力的，这就是"天人合一"思想中一种与政治政权结合了的表现。简单来看，"天人合一"说的就是天和人的心意是可以相通的，人可以感受到天的意图，天可以根据人的表现来对人间进行赏罚。这种思想只是"天人合一"中最为本原的部分，意在阐释人只有顺应自然才能和谐发展。但这并不完全是张载所说的"天人合一"，他认为这种观点不全面，也不是非常确切。

阴阳之气统一天与人

张载的思想虽被归在儒学的大类里，但是他对佛教也颇有研究。在"天道"与"人道"的关系中，他对与佛教经典中对于阐述天人关系的观点有着不一样的看法。

张载以自己"太虚即气"的天道观来对佛教的观点进行辩驳。他认为，天就是太虚，太虚即气，世间万物的长消其实都是气的聚散而已，都是阴阳之气统一的结果。人也是世间万物的一种，所以并没有什么不同，气聚则生，气散则死，"人道"也是符合"天道"的。

而在佛教的观点中，认为人生是虚妄的，是幻灭的，这种想法实际上是忽略了人的重要性。另外，"一切即虚空"的观点是认为天地间是没有气的存在的，那么万物就没有了萌发的土壤，这样一来天和人之间并没有什么确切的关系，世界就没有存在的根源。

《正蒙·乾称篇》中这样说道："均死生，一天人，唯知昼夜，通阴阳，体之不二。"张载秉持他认为"太虚即气"的观点，将天和人，人的生死看作两个相互相关的东西，具有一定的统一性，这个统一性便是气的统一性。在反驳了佛教观点的同时，也将庄子对于天人无差别的思想进行了纠正。

顺应自然，天人相合

《横渠易说·系辞下》中写道："天人不须强分，《易》言天道，则与人事一滚论之，若分别则是薄乎云尔。"张载认为，对于"天道"的客观规律的认识和探索只能通过"人事"来实现，这里的"人事"，在张载的观点里指的是"尽人谋"和"行实事"这两个方面的内容。

"自然人谋合，盖一体也。人谋之所经画，亦莫非天理。""谋"指的就是谋略，他认为人要充分发挥自己的机智谋略去顺应天的规律来进行作息，这样就可以达到人与客观自然世界的统一，即与天的统一；"人生固有天道，人之事在行，不行则无诚，不诚则无物，故需行实事"说的是要"行实事"，要按照环境的客观规律办事，运动天所提供的条件和事物来达成自己的事情。

张载"天人合一"的观点也有继承前人的部分，便是强调要顺应自然，按照自然的客观规律来进行活动。天与人的关系是世间千万种矛盾中最为核心和本质的一种，天代表的其实是整个自然环境，人作为在环境中生存和活动的主体，虽也是天的一部分，但是与其他事物又有所不同。人只有顺应天所提供的环境和生存条件，才能与天获得统一，融进太虚轮回之气中。

神秘的道德属性

但其实并不是做到"尽人谋"和"行实事"就能够完全达到"天人合一"的境界，还有其他许多的因素会影响到人的行动和事情的结果。其中最为明显的一点就是，一些事情虽然已经将人应当做到的成分百分之百甚至更多的付诸了实践，但是由于一些"天注定"的原因，事情还是不能够达成。

这时，天就被赋予了一层"神秘性"。而在古人观点看来，这种神秘性所影响的事情，多是些会违反人伦理性道德的事情，所以，这层神秘性也具有一定的道德属性。张载根据"四书"将其主要归为"诚""性""神"三类。

张载在《正蒙·乾称篇》中将诚定义为是天的部分属性。诚，即实，人要对天真实，不欺骗自己和天地。这种品格要求是因为"太虚即气"的理念，虚实共存于太虚之中。太虚为气，虽看不见，但真实存在。但又因张载对于《中庸》中"诚"这个观念的错误认识，又将"太虚"与"诚"联系在了一起。"至诚，天性也。"诚虽然没有高低之分，但天的本性就是"诚"，所以张载又称为"至诚"。

但"诚"并不是天的全部属性，于是张载引入"性"的范围来表示"天性"的整体，范围比"诚"更广。"有无虚实通为一物者，性也；不能为一，非尽性也。"张载认为，"性"的基本特点是"通"，万物相同所以才能融。有无、虚实共同在一体，"性"就是它们的统一体。这样，就又牵扯到了万物来源的问题，于是也是世间万物除了气以外的另一个来源。但这样一说，张载对于自己的"气本论"也有了一定的动摇，于是他借助"神"的观点来进行诠释。

在"神"的观点上，张载主张"气"之神和"性"之神是有区别的。"气"的变化是捉摸不定难以预测的，而"性"之神则是"感者性之神，性者感之体"，"性"的共同性可以让世间万物具有"相感"的能力，而这种共同"性"就变成了万物能够相感的本原。无论是此"神"，还是天地万物发展所要遵循的道，都是由万物生长的性质所决定的，即为"体"。这样一来，关于"性"和"神"的关系问题就能够得以解释："性"是"神"的主宰，而"神"决定运动。于此，关于天的神秘属性以及内部关系就得以充分解释。

- 09 -

至诚，天性也

张载在其"天人合一"的理念中讲到，要"尽人事"和"行实事"，努力顺应自然才能达到天人相合的程度。但并不是只需要这些就能达到目的，除了人所能控制的这部分之外，还兼有天的某些神秘性，而这些神秘性往往在一定程度上是符合人伦道德常理的，所以这种神秘性具有道德属性的特点。张载根据"四书"中一些重要理念的原理，将这部分神秘性分为"性""诚"和"神"。

在"诚"的部分里，张载直接沿用《中庸》中关于"诚"的思想部分，并结合自己的思想从而形成了"性与天道合一存乎诚"的思想。《中庸》记道："诚者，天之道也；诚之者，人之道也。诚者不勉而中，不思而得，从容中道，圣人也。"这里所提倡的"诚"，与张载的"诚"虽然在意义上有关联但不完全相同，"诚"指的是"中"与"和"统一的一种具体表现，是被视作圣人之本的。

但张载将《中庸》里所提倡的作为"天之道"和"人之道"不同一存在的"诚"进行合一谈论，强烈地表现了他天人合一的思想，相对于简单的关于"天之道"和"人之道"内容的谈论有了更加深刻的认识，并且清晰地阐述了二者之间的关系。

张载自幼饱读诗书，除了"四书"等儒家经典著作外，对其他宗教或者流派也曾有阅览，他也十分喜爱研究天体宇宙之间的关系。从而，张载的言论相比前人，更多了些对比性和客观性，可以实现真正的体用共生，具有十分深刻的哲学思想。

性与天道合一，存乎诚

张载没有全盘接受《中庸》里关于"诚"的看法，他摒弃了其中的"天下之大本"和"天下之达道"等观点，因为这些理论观点是以人道为根基支撑，以此为基础理解的"诚"则是太虚和太极二者相统一的太和之道上的。以此，"诚"就可以以"道"的方式来解释为天和人的关系。但这样的言论并不能适用于秉持"气本论"的张载这里，于是他对于这些观点提出了自己的见解。

张载在《正蒙·乾称篇》中将诚定义为天的部分属性。诚，即实，人要对天真实，不欺骗自己和天地。这种品格要求是因为"太虚即气"的理念，虚实共存于太虚之中。太虚为气，虽看不见，但真实存在。《中庸》强调将诚与道联系在一起，其实已经认为这二者是同一事物。因为在张载之前的儒家思想里，一贯认为诚是天之道的理念是先于人之道的。但是诚除了拥有道的基本规定外，其实比道更强调了诚作为一种意识性的物质相比于具有一定客观存在性的道，并没有那么真实且不容置喙的。人想要通过实践将诚变成人之道，就必须真实率性，保持自然的性格同时也相处于自然之中。

"诚"在张载的"四书学"中的作用与《中庸》相比是不同的。《中庸》中强调，"诚"虽然是由万物本原增生，发于"天道"，但在现实生活中则是作为"人道"的形式出现的，但无论是这两者中的任何一个，强调的都是要达成自然率性、真实不做作的诚，从而形成人生境界，最终关于"诚"的结论被限定在了"人之道"的范围内。

而张载的"诚"，因为万物发源的本体是太虚，所以"天之道"和"人之道"可以看作一体，只是二者在不同的方面所表现出来的现象是不一样的罢了。虽然在"人之道"的观点上与《中庸》保持一致，但是对于"天之道"的观点，张载是从实际存在的角度升华了《中庸》里以境界的方式规定的天道，是一种质的飞越。

张载对《中庸》研究颇深，自然也受这样的观念影响，将"诚"看作天人合一的自然真实的属性延续和继承了下来，《张子语录》记录了张载对于"诚"的观点："诚则实也。太虚者天之实也。万物取足于太虚，人亦出于太虚，太虚者心之实也。"在这里便可看出，张载将"太虚"与"诚"联系在了一起，认为"太虚"作为万物根源所制造的万物具有"气"的属性，自然也就有"诚"的属性。

所以，根据此观点，张载认为"诚"是万物普遍具有的特点，只因为天地万物都是从太虚所演化而来的，自然也带有太虚的特点。

至诚，天性也

"至诚，天性也。"张载在《正蒙·乾称篇》中如是说。诚虽然没有高低之分，但天的本性就是"诚"，所以又对其称为"至诚"。

张载并不认为"诚"是可以进行分辨比较的事物，他对于这种天的本性的称呼只是因为这是自然而然就可以做到并且实现的事情。天即太虚，太虚即气，由天所生的万物仿佛也具有这种与生俱来的目的：就是要达到"诚"。所以张载对于万事万物的观点就是"益物必诚，如天之生物，日进日息"，万物由天而生所带有的这种"诚"的本性让万物可以脚踏实地的生长，从宇宙中汲取养分，生息繁衍，就能够达到"天所以长久不已之道"这样一种理想的状态。

在《中庸》的观点里，诚与天之道和人之道的关系并不是一直不变的。"诚"首先作为天之道通过人的努力才能转化为人之道，然后再由人之道通过一定条件再继续变回天之道。与张载不同的是，张载认为"不勉而成庄"，就是他认为的完全遵循自然，率性而为才是真正的"诚"，一切都是顺理成章有因有果的，而这些因果也都是"正命"里所包含的内容。人要成为一个自然率性的"诚"者，才能实现真正的天道。但无论是"天之道"还是"人之道"，最终目的都是要达成天人合一的境界，才能融进宇宙中延绵不断的循环当中。

－ 10 －

性与诚：互逆与互补

张载虽然十分强调"诚"在天道中的内涵体现，但是"诚"只是天的部分属性，并不能完全代表"天性"，于是张载直接将性质的"性"作为一个范畴概念引入，借用《孟子》中关于性论的学说来表现"天性"的整体。张载将性与诚看作人道的出发点，在其"天人合一"的观点里面起着十分重要的作用。

在张载关于天道观的哲学思想里，"性"这个概念的重要性仅次于太虚。虽然他认为道的范围程度要比性大得多，且性是包含在气里面的，道虽然是气化的，但是要比性更为复杂，性是简单明了的一个范围。张载将"性"作为人道的起点，进一步想用天道来解释人道，但却又说"天道即性也"，"人之道"和"天之道"在他的学说里相互纠缠；而"诚"作为世间万物从气中运化自带的一种属性，性的内容和范围能比诚更为广泛。

张载之前的学说，人们都将"性"单纯地认为是人所特有的一种性质，有善恶之分，或者善恶相混的学说，体现的是人性。但张载既然主张天人合一，所以他除了有"性者万物之一源，非有我之得私也"的说法，也有"天性在人，正犹水性之在冰"的说法，所以"性"作为能够贯穿"天之道"和"人之道"的一个概念，其重要性不言而喻。

张载认为"性"因为是从天道里所说的"气"所连带的属性，万物的"性"也大都相同，所以同就是"性"的基本特征。这种基本特征与物体的种类形状大小和虚实无关，是可以将世间万物都能够统一起来的。而这点又能与万物发源的根基联系在一起，所以"性"在张载的哲学观点里也可以看作是万物除了"气"之外的另一个来源。天道即太虚，太虚即气，气生万物，当气与万物放在一起相比较的时候，表现出来的就是"性"；但是"气"的这个"性"相对于具体事物，比如人性而言，它所体现出来的又是笼统的天性。天性是张载哲学里面最基本的规定。

"性"对于天人合一的作用，张载认为主要体现在这种天性是针对不同物体所具有的不同形态，比如人性，金属的性质或者木头的性质。这种性是贯穿在所有食物当中的，是超越了外表的内在的一种统一，所以也是天人合一的一种依据。关于"性"的言论就变成了是从天性的角度出发来谈论的。这种思想既继承了孟子人性论的观点，又从天道和人道的本体角度来解释人性的存在，将建筑在传统道德理论基础上的天人合一扩展到了宇宙空间中，也更加强调了道德在其中的作用。

性与诚的互逆

张载对于"性"的谈论是从天道的出发，他对于"诚"的定义与"性"相比的观点也基本相同，最终都是用来贯通天道和人道以达到天人合一的目的。但既然两者并列存在，肯定也是有不同的地方。对列比较来看，甚至可以认为是相反且是互逆的。

首先，性与诚被定义的本质是不同的。性作为与世间万物的形象所相对的一个概念，主侧重的是强调性是超越了物体形状性质存在的，是万物相同的一个概念；然而诚作为一种被明令要求达到真实自然无妄程度的一种更贴近于道德规范的存在，并没有超越事物具体的形象，甚至诚最终也会由具体的事物形态或者行动来存在。与此相比较而言，"性"是形而上的，"诚"是形而下的。

其次，性与诚谁是本体的结论是不同的。性对于不同的物体有不同的存在方式：天道中，性以太虚或者天性的形式存在，在此时是等同于天道的；

人道中，因为人由天道而变化，所以天道自然存在于人道当中，且作为人的本体的依据而存在。所以，不管是天道还是人道，性都是一个本体概念的存在。而诚在天道中的表现主要为万物随天时而生，在人生领域内的体现表现为对于道德的约束和表率。性作为内在本体，诚更像是性的外在表现形式。

最后，性与诚在张载的哲学思想中的地位是不同的。性被张载看作是一种本体概念且蕴含在所有的事物当中，甚至是超越性的本体意义而存在的。而张载对于诚的看法更多的是从"诚明所知"的角度提出来的，是从诚的本质角度提出来以保持与天的一致性，更多的是作为一种陪衬解释来完整性和太虚以及天道的概念，诚是性这一本体在天道和人道中所表现出来的流行形迹。

性与诚的互补

从性与诚之间本质和关系还有表现形式的比较上我们可知，虽然两者的内容并不完全相同，且各有侧重点，但正因为这些差距，使得两者有着非常强的互补性。

性与诚的本体是作为两个相互补充共同存在的依据，随便缺少其中之一，另一个都无法单独存在并成立。性作为本体存在，没有性也就没有所谓的诚；没有了诚，性就只能单独作为本体存在，并不能存在外在表现形式被人所发觉到。张载主张诚更是作为"性与天道不见乎小大之别"的诚，正是将性作为天道和人道的本体存在而贯彻执行的表现，这也是他对于"天人合一"概念的一种诠释。

"性"原是孟子对于孔子"仁"的思想的本体一种深化，这两者其实都是从天道和人生中总结出来的本体依据，是本体和主体的统一，当然也是天和人之间的中介。但"性比仁"更为超越的是，性从一开始的提出就脱离了仁的思想中对于善恶的分别，自然就是脱离了表象而存在的本体，所以《中庸》以前的儒学思想所追求的就是从人生的向度方面展开的，同时又以外在表现反过来表现本体内在化的途径，体现了先秦儒学的本体意识与本体追求的基本特征。

"诚"首先是对于天道和人道之间共同特征的一种揭示和概括，是一种行为存在上的表现。虽然对于人道上有"明善"和"自然"的要求，但这种要求是天命之中所带有的，并不是被要求的，更像是一种使命的存在。与性相比，性的本体性则更为强烈，性对诚还带有定向和主宰的作用。

又因为"性"与"诚"的观念，其实是张载对于《孟子》和《中庸》这两本经典中思想的继承和发展，这两个观念的关系不仅仅是张载哲学思想的表达，更是他对于这两本书中思想的一种组合和排列。

– 11 –

天无心，心都在人之心

张载有四句名言是被大家所熟知的："为天地立心，为生民立命，为往圣继绝学，为万世开太平。"这不仅表现了张载的人生目标，更是张载的思想言论中最精准的总结。冯友兰将张载的"为天地立心"理解为"就是把人的思维能力发展到最高的限度，天地间的事物和规律得到最多和最高理解"，这个说法是完全符合张载思想的。

"为天地立心"实为张载的天道观，他认为人是由天地所化生的，是属于天地的一部分。人们对于天地的实践认识也正是天地对于自身的认识，所以从这个理论上来推断的话，张载最终得出来的结论是：天地是没有心的，这个所谓的心是由人所设立的。

这个观点换用冯友兰的话就是："天地是没有心的，但人生于其间，人是有心的，人的心也就是天地的心了。"张载哲学思想中的"天地"指的并不是实际存在的天地，而是脱离于实际物质存在之外的，天地之间所蕴含的本质和规律。他主张运用理性客观的角度来研究天地之间的内在本质，这样就能摆脱物质世界对于认识的正确性的影响。张载将他所发现和研究的天地之间的本质和规律称为"天道"。

其实张载就是在探讨世界本质的过程中获得了关于宇宙生成和星体物质之间的科学知识。但在这之中，不得忽略的一点就是天道和人道之间的"心"。所以张载认为"心"具有两个特点：一是自然界，即天地是没有自己意识的；二是只有人类才有意识活动，即为人道的"心"。

天地之心

张载在《经学理窟·诗书》中写道："天无心，心都在人之心。"其实这是从《老子》里面化用而来的观点。

他所坚持的气本论中是以性为本体的宇宙观念，天道是客观存在的，并不以任何人的意志和行动所影响并产生偏差，也不会有善恶之分，最后所产生的结果可以理解为天意，但是并不能判断从天的角度来定论这种结果到底是什么性质的。

自然，在儒家观点中的"仁""善"和道德等观念就没有正确性的存在依据，但张载将"心"的观念引入以后就能得到解释。这些都是天道所蕴含在人道中对道德本性的追求，但是对于君子的道德修养的要求就是本性的外在表现，即为心。而这个"心"的观念也就只存在于人道的范围之内。

张载认为世间万物都是因为气的运动才生成的，在这个不断循环回往的过程中是不受外界其他任何因素所影响的，人与自然相比的渺小决定了人的意志也无法影响这种天道。这种思想打破了以往人们对于"天是在意志的人格神"的观念，认为意识活动是人这种生物独有的，是与天道和其他生物都没有关系的。

心能尽性

张载对于"心"是这么解释的："由太虚，有天之名；由气化，有道之名；合虚与气，有性之名；合性与知觉，有心之名。"从太虚即气的观点出发，推出由气化而得的道，再以其相同性推出了性，将性与知觉相合就可以得出他所强调的心，性是心的构成要素之一。

这里的"知觉"主要指的是人的意识活动和具体的实践能力，所以在张载的"心"的观念里，更为强调以性为主的本体与人的实践行动所结合在一起的统一。心是对外物的反映，遇见不同的外观事物，人对于事物的心也是不同的。

由此看来，张载关于"心"的哲学思想其实是建立在"性"的观念基础上的。他认为心性还是存在差别的，人都有三六九等之分，知觉行动是人的主观思想的体现。

除此之外，人应该充分发挥心的主观能动性，只有充分地发挥了心对于人的认识活动的指挥和支配作用，人的实践行动才能够更好地弘扬天道。在此过程中，便有了大心、小心以及德行和见闻等概念，这些概念的提出只是为了更好地落实天道观在人生过程中的表现和世间万物在这个环境中的生存。这便是张载"大其心，则能体天下之物"最好的解释。

人本无心，因物为心

《道德经》中讲"天地不仁，以万物为刍狗。"张载对此观点的看法为"鼓万物而不与圣人同忧"。圣人哪里有不对万物充满仁爱的呢？"天地不仁"就是天地没有意识和它赋予人的目的性，天是没有"心"的。认为天人应该协调发展，应该顺应天命和天意，与天所提供的环境和谐相处，共同发展，不应该拥有想去改造自然的心。

张载在此观点上与老子是保持一致的，但是他并不认同老子在否定天有自主目的性的同时提出的"圣人不仁"的观点，认为这样其实是将人与世间其他一般事物相提并论而言，是否定了人的主观能动性的，而人的主观能动性是可以决定人的目的的。这种具有目的性的主观能动性能够帮助人去认识自己所深处的环境。

"心"对于人的作用，张载提出了"心统性情"的观点。这是儒家思想上首次对于心和性情、人的性格和行为的关系上进行思考并得出结论。张载认为"有性则有情，发于性则见于情，发于情则见于色，以类而应也"，情是由性产生的，是通过外在具体事物所表现出来的。"心统性情"这一观点对张载后来的心性论有极大的影响，甚至对后世宋明理学的出现都具有一定的作用。

- 12 -

大其心：德行所知与见闻之知

冯友兰对于张载"天无心"思想的理解是这么说的："物质的世界是没有思维的，人的脑子是物质组织的最高形式。脑子的活动是思维，思维也是物质活动的产物。人为万物之灵，灵就灵在他能思维，他有心。"从先前对于张载哲学观点的陈述我们可以知道，冯友兰的理解是基本符合张载的原意的。只有人才是有心的，而心对于人的作用是希望能够达到更好地弘扬天道。

但想要实现这个目的，张载认为最重要的是应该"大其心"以扩大人们对世界的认知，具体陈述如下："大其心则能体天下之物，物未有体，则心为有外。世人之心，止于稳健之狭；圣人尽性，不以见闻梏其心，其视天下，无一物非我。孟子谓尽心则知性知天以此。"而在"大其心"中最为重要的则是德行所知和见闻之知。

张载在《正蒙·大心篇》中主要阐述了德行和见闻这两种"知"的差别："天大无外，故有外之心，不足以合天心。见闻之知，乃物交而知，非德性所知。德性所知，不萌于见闻。"其实质是让人的思维摆脱认知的限制，看问题的角度和方向能够更加的理智客观，于是客观事物就被张载看作是可以增长知识的来源。但在张载的观点里还有"小却心"的说法与"大其心"相对应。那么大心和小心究竟是什么呢？

从其大体为大人，从其小体为小人

在达成"大其心"的目标途径中，张载认为有三个需要注意的地方：第一，天地是没有心的，心是人类所特有的，只有人才有意识活动，当然也可以看作人类与其他动物完全区别的标志之一；第二，"大其心"的主要目的是要更多地去认识和接触世界，这样才能"止于见闻之狭"，对这个世界的认识更为理性和客观，也可以做到更加科学；第三，张载认为，要想达成"大其心"就必须要做到"虚心"，只有保持自己内心最平静的状态才能接触到比人道更为超越性的天道，这样才能达到完全发挥心的作用和效果，也就是孟子所说的"尽心"。

但是张载并没有完全继承孟子"尽心"的理论。孟子宣扬要将心中固有的道德观念全部发扬出来，将人道的性全部释放以后才能更加真实地触摸到天道中的性，但张载的心主要强调的是要对客观事物的认识，是主体与对象的关系。孟子认为"从其大体为大人，从其小体为小人"。所谓的"大体"和"大人"，其实指的就是儒家思想道德修养里要求人要成为的谦谦君子，"小体"和"小人"指的就是那些没有高尚道德修养的普通愚民，只关乎自己的生存需求甚至败坏道德伦理的人。张载虽然引入了孟子的这些概念，但是并没有完全遵循他的定义，而是区分了二者的本体说明。

张载认为"大体"就像是"天之神"，而这个神，引入他气本论中天人合一的概念，就是所谓的性；"小体"相对于"大体"而言则就像是诚相对于性的关系一般，是性在物质世界的一种外在表现，而这种表现体现在人的身上就是身体的生存，有具体的要求。

张载在此基础上坚持"气质之性，君子有弗性者焉"的观点，所以与气质之性相对的自然就是世间万物都拥有的天地之性。将此思想推论到大体和小体的本体关系中，大心和小心的关系也就是天地之性和气质之性两种不同作用下的人生结果。这两种人生结果对于人的认识自然也会有两种不同的结果，这两种结果相对应的就是德行所知和见闻之知。

德性所知和见闻之知

对于这两种"知"的形成，张载是这样理解的："见闻之知，乃物交而知，非德性所知；德性所知，不萌于见闻。"所以在他看来，两种知的差别在于两个结果是通过怎样的器官途径所得到的。通过对事物表象的研究实践和感觉器官的信息回馈所得到的认识被称为"见闻之知"，这是最容易被理解的，也是最常见的，被张载视为是表象的层次；通过对事物内部性质道理的探索发现，在思维器官中经过思考而得到的认识被称为"德性所知"。而不论是哪一种知，始终都是一个求知的过程。

"见闻之知"相对于"德性所知"是一个外显于物的结果，是直接与事物有实质性接触研究后所得来的知识，这是最基本和最关键的。这是其最突出的优点所在，可以提供直接经验。但张载认为它也是有局限性的，因为人不可能穷尽天下的事物，因为世间万物远比我们知道的要多得多，且"见闻之知"只能提供方法论，并不能挖掘事物内部的原理和规律。但这种局限性并不能深刻地影响见闻之知对于人"大其心"的结果，反而是督促人对于更高层次认知的探索的动力。

所以张载在"见闻之知"的基础上提出了"德性所知"，即关于探索事物内部原理和规律还有天性大事物内部的体现。在这部分所知其实又是"天德良知"和"诚明所知"的同一内涵领域的探索研究。只有将"见闻之知"和"德性所知"这两种知结合在一起，才是人们对于宇宙和这个世界的完整而深刻的认识，才能更好地"尽性"。

但此处的"性"其实也有"人性"和"物性"的差别。物性是可以通过对于物体道理的探索研究活动所得到的，在这个过程中识得了事物的本性；而想要达到"尽人之性"的目的，就必须在已经达到"见闻之知"的同时加强人的自身道德伦理素质修养，努力改变人的知识储备和气质，以内部思维的开明来实现的，具有一定的先验性。

但不管怎样，张载在此所强调的都是对知识的追求和人对于自身道德修养素质的要求。只有不断去认识新鲜事物，才能循序渐进地更新自己的知识储备，才能在知识储备达到一定量的时候改变自己对于世界的认识，最终达到通晓天道的境界，成为"圣贤之人"。因为，求知是一个永无止境的过程。

第三课 / 人学思想

为生民立命

张载幼年丧父，生活历尽艰难，生命中大多数时间都和苦难百姓在一起。在他短暂的仕途生涯中，担任的也主要是很基层的官员，因此非常熟知民间百姓的疾苦和尖锐的社会矛盾。范仲淹在张载的人生中有着重要的影响，他的个人思想及其人格对张载的影响非常深刻。所以在张载的一生中，尽显范仲淹"先天下之忧而忧，后天下之乐而乐""居庙堂之高则忧其民，处江湖之远则忧其君"的操守和大气。无论他是居官从政，还是辞官回乡试验井田、兴修水利，抑或是著书讲学，无不围绕着"为生民立命"的气节。

- 01 -

"仁人"的标准：无欲而无畏

"生民"指民众，"道"指民众的命运。历史上一直以来流行的是命定论，即人在命运的面前，是微小的，是无力的，只能任凭命运随意摆布。但是，张载却明确提出："道，行也，所行即是道。"又说"循天下之理即之谓道，得天下之理之谓德"，在张载眼中，为生民立道就是规定出人应走的道、应遵循的理，为民众选择正确的命运方向，确立生命的意义。换句话说，张载明确提出了做人的标准应是什么，即通过自己的奋斗努力，掌握自己生命的意义。

"为生民立命"的仁学思想，一直以来都是儒家切实关注的"安身立命"问题，早在《孟子·尽心上》就有描述："尽其心者，知其性也。知其性，则知天矣。存其心，养其性，所以事天也。夭寿不贰，修身以俟之，所以立命也。"也就是说，充分运用心灵思考的人，是知道人本性的人。知道人的本性，就知道天命，保持心灵的思考，涵养本性，这就是对待天命的方法。无论短命还是长寿都一心一意地修身以等待天命，这就是安身立命的方法。虽然孟子在这里所讲为立命，但其中，与孟子的思想中居于核心位置的心、性、天、命，却一定程度上是张载立道思想的直接来源。

为生民立命

孟子很早就提出了"立命"的观点。他认为短命、长寿，是两件不同的事情，当下，我们无须急于求成，只要对自己修身养性，端正思想和言行，我们的命运就会得到改变。除此之外，朱子也说过，立命就是不人为地去侵害我们自己的天赋，一生都要尽其道。孔子提出，所谓的立命，就是让年老的人安心，让朋友们信任，让年轻的子弟们得到关怀。古之学者立命，就应当有如此的气象。二程也说过，通过学习、教育、修行，从而做到顺承天命，不违背天的使命。

张载在其所著《正蒙》之"诚明篇"里提到："尽性，然后知生无所得，则死无所丧。"又说："天所性者通极于道，气之昏明不足以蔽之。天所命者通极于性，遇之吉凶不足以戕之。不免乎蔽之戕之者，未之学也。性通乎气之外，命行乎气之内。气无内外，假有形而言尔。故思知人不可不知天，尽其性然后能至于命。"不难看出，张载为"为生民立命"提出了独特的阐释。在他看来，"立命"的前提条件是"尽其性"，而学以解"蔽"，方能"尽其性"。所以张载的"为生民立命"，实际上就是用"民吾同胞"来"立命"，其立命在于教，"修道之谓教"，此之谓也。让全天下的每一个物体都有其归处，就是为生民立命。

"仁人"的独到见解

《中庸》《论语》《孟子》中都有关于人学的内容，《论语·颜渊》中有"爱人"之说；《中庸》有"仁者，人也，亲亲为大"的论断；《孟子·尽心下》中有"仁也者，人也，合而言之，道也"等见解，无一例外，都是儒者在讲人和人际关系以及仁人处理人际关系的做法。宋代大儒张载也将自己的人学思想，在"四书"的深刻阐释下，展开了自己独特的见解。

他在《张子语录》中说："学者当须立人之性。仁者，人也当辨别其人之所谓人。学者学所为人。"在《横渠易说·系辞下》中说："人事不过于上下之交，此可尽人道也。人道之用，尽于接人而已。"在《经学理窟·气质》中说："仁人则须所做，始则须勉励，终则复自然。"

总的来说，张载将"仁"作为培养人、辨别人、学做人，处理人际关系的基本准则，这些与"四书"中的仁学思想有些重合，但是，却不完全相同。重合之处是孔子和张载都提到了"好仁""恶不仁"的概念。而不同点也在于此，在孔子看来，"仁"是一个概念，克己复礼可以称为"仁"，爱人也可以称为"仁"，诸如恭、敬、惠、义、礼、信都可以称为"仁"。所以，在孔子眼中，"好仁"是高等级的品德德行，而"恶不仁"是次一级的德行，"好仁"与"恶不仁"是两件对立的事情。而在张载看来，"仁人"标准应该包括做什么和不应该做什么两个方面的内容，即"仁"是"好仁"而"恶不仁"的统一体，"好仁"和"恶不仁"是仁的两个不同方面，失去其中任何一方面都是不完整的。

张载从《礼记·表记》中引进"无欲而好仁者，无畏而恶不仁者。"这一思想，认为"仁"就是一种无欲而又无畏的品德。要想做到无欲无畏，就要做到胸怀宽广，为人正直，大公无私，从寡欲达到无欲，从而再到真正的无欲无求无所畏惧。尽管天下拥有无欲无畏这种品德的人少之又少，但每个人都应当以这个仁人的标准严格要求自己，约束自己。以这个标准为目标，向这个标准迈步前进，克服利欲这个阻碍人成为仁人的最大障碍，并且无所畏惧地与追求利欲的人作斗争，才能真正称之为"仁人"。

张载对儒家"仁"所提出的深刻独特的见解，是对"仁"积极地改造，既体现出了理学家在利欲问题上的鲜明个性，也表现出了张载内心深处的渴望，即人们自觉地反抗自己的一己私欲，从而共同建构安定和谐美好的社会。张载在《正蒙·有德篇》中说道"德主天下之善，善原天下之一。善同归治。"也就是说，德是统领善的，善是帝王的品质，人人都向善，国家就会被治理得很好。可见，张载将伦理的政治性更进一步强化。

- 02 -

仁、义、礼、智，不可分割

自上古时期起，中国就有推崇"仁德"的传统。中国传统的道德观认为，仁、义、礼、智是做人最基本的道德准则。我们可以在《说文解字》中找到这样的解释：仁：仁者，人人心德也。义：义者，宜也。礼：履也，所以事神致福也。智：智者，知也，无所不知也。

简单来讲，仁，就是用宽容慈爱的心态去包容世间万物的一切，无论对人对事都要有一颗仁义之心，将一切事情处理得圆融妥当，性理兼备。义，即指正义之心，为人处事要常怀一颗正义的心。中国有句俗语："身正不怕影子斜。"这里的身正，其实讲的便是心正，心正，则万事皆有其道理。礼，就是要有礼貌，一颗彬彬有礼的心，对待任何事物或人都充满礼仪；智，就是用智慧之心，指引自己的行动，这就要求我们做人做事要经过充分的思考，学会三思而后行。

推进孔孟思想

到了孔子时代，更是将崇尚"仁"作为人格评判的重要标准。孔子在其著作中多次提到了仁、义、礼、智这些概念，但是没有一次将四者作为一个统一体，没有一次认为仁、义、礼、智四者之间是有内在联系的。孟子说："仁义礼智，非由外铄我也，我固有之也，弗思耳矣。"意思是：仁，义，礼，智，不是从外部给予的，自己本来就拥有这些，只是人们不用心思想、领悟自身的这些特点罢了。不难看出，孟子才是首次将仁、义、礼、智连称，并且将四德作为恻隐善恶、辞让是非之心的补充和延伸的人。在《孟子·公孙丑上》有描述："恻隐之心，仁之端也，善恶之心，义之端也，辞让之心，礼之端也，是非之心，智之端也。人之有四端也，尤其有四体也。"这里认为，仁、义、礼、智萌芽于人所固有的四种心理状态。同样的，关于四德的关系，除了在《孟子·离娄上》将它作为仁政的基本条件以外，也没有进行关于仁、义、礼、智四种道德思想关系的全面描述。在这一基础上，张载对于仁、义、礼、智之间的关系又做了更为出新的解释。张载将仁、义、礼、智四部分分为了一德与众德，其中，仁就是一德、义、礼、智则为众德，一德与众德相互联系，相互渗透，相互补充，只有达到四者的有机统一，才能实现仁的全面实现。

张载推进了《论语》《孟子》的思想。一方面他肯定了"仁统天下之善"；另一方面，他又强调仁与众德之间是一种互为因果的体用关系。

例如仁与义的关系，在《正蒙·至当篇》有说："义，仁之动也，流于义者仁或伤；仁，体之常也，过于仁者于义或害。"在这里，张载所表达的意思是，义是仁的作用，如果行义之事没有节制，将会有损于仁，正应了过犹不及之说；仁是义的本体，如果在施行仁政之时不看所施行的对象品性与否，这样的人将会有损于义。由此我们可以知道，仁与义不是孤立存在的，它们是相互共生，相互影响的。在《经学理窟·义理》中有记载，"人不得义则不行，不得礼则不立，不得智则不知，不得信则不能守，此致一之道也。"也就是说，仁不同义相结合，就难以掌握合仪的程度，从而导致无法实行；仁不同礼相结合，就难以辨别上下的次序，从而失去固有的原则；仁不同智相结合，就难以理解人伦的内容，从而缺乏知识；仁不同信相结合，就难以做到前后一致，从而不能做到坚守。因此，张载再次强调，仁与众德统一的道理，并将它作为自己行事做人的准则。

仁与众德

不仅如此，张载还认为，仁与众德的地位是可以相互转换的，无论从哪一德开始，都可以通向"仁人"之路。他说："大抵人能宏道，学一字无不透彻。如义者，谓之合宜也，以合宜推之，仁、礼、信接合宜之事。为智则不知，不知则安能为！故要知乃之，仁能守之。仁道至大，但随人所取如何。"还说了"在始学者，得一义须固执，从粗入精也。"这是说，仁、义、礼、智中的任何一德都兼有其他各德的内容，如合宜为义，仁礼等都是合宜之事，行了义，也就是弘扬了仁的德行。再如，知识为智，但是没有仁礼等方面的知识作为补充，也就无法做到"智"的处事。

从这个意义上来说，学习知识又是最重要的事。在张载看来，每个人对于个人自身的道德修养，是没有任何固定的模式和框架的，只要自己能够实现其中的一德，并把它坚持下去并将他发扬光大，就可以实现"从粗入精"。所以，张载坚持仁、义、礼、智、为仁的道德，即以仁、义、礼、智为做人的标准。张载提出的这个标准，对人的要求更高了，也更灵活了，使得纲常名教成为知识阶层和下层群众所共同追求的目标。

－ 03 －

"仁"与"理"的辩证关系

　　"仁"是儒家文化及以儒家文化为主干的中国传统文化的核心和基础，是孔子儒学的核心观念。长久以来，不同的学者对此都有自己独特的认知与理解。在这些学者中，张载所提出来的关于"仁"的认识具有十分重要的参考价值。张载结合前人的智慧与自己对于"仁"的理解提出了相当具有深度的思想观点。"仁"与"理"是张载思想体系中两个重要的命题，都拥有极为丰富的内涵。张载作为北宋理学奠基者之一，有着丰富而独创的仁学思想，对"仁"的种种作出了有价值、有深度的新诠释。张载也将"理"与"人性论"紧密地联系了起来，首次提出了"仁"与"理"的辩证关系问题。

"仁"与"理"的一致性

　　对于"仁"的依据是什么这一问题，《中庸》《孟子》都曾做过深刻的讨论。《中庸》说："仁者，人也，亲亲为大；义者，宜也，尊贤为大，亲亲之杀，尊贤之等，礼所生也。"意思是说，有仁爱之心，才可称为人，在这样的条件下，最为重要的是要爱自己的父母；人要有道义之心，才是合适的，尊敬贤者应该是第一位的，而二者的地位等级，都是来源于礼中所规定的标准。这里面的观点不仅体现了孔子关于"仁"和"礼"的思想，同时也深刻地反映出儒家对于人与人关系的愿望，即希望人人知礼、守礼，尊卑有序，孝顺父母，尊敬兄长；希望人人怀仁心，发自内心爱父母，再通过推己及人的方法，达到"爱亲则继爱其人""孝之放爱天下之民"等社会效果。从这里可以很明显地看出，孔子将"礼"看作是一种行为规范，一种制度，他用"礼"来区分亲属贵贱，划分等级名分。

在孔子的思想中，以亲其亲为内容的"仁"是由"礼"而生，并依据"礼"的规则而进行的。而与此同时，十分敬重孔子的大儒孟子也认为，仁、义、礼、智四种品德都是从人的四种心理状态扩充而来的，而由于这四种心理状态又源于人所固有的"善"的本性，故此，可以将"性"作为"仁"的依据和最终来源。

张载发展了孔孟的思想，他巧妙地说明了"性"与"理"、"仁"与"理"的一致性。张载认为理是仁的依据，顺理而行就是仁。张载认为，事物的本性中就包含着事物的条理，人的仁、义、礼、智的特性也就包含了人的性命之理，所以"仁"是发源于理而存在于心的一种品德。

张载提出"虚则生仁，仁在理以成之"，将"仁"所包含的一切都划分到"理"所属的范畴，"仁"的内容都在"理"之中体现，都合乎着理的规律。人都应该通过"心"的主观努力与发展去实现"仁"，做一个符合封建道德规范的"仁人"。

"中道""中庸"式的仁人形象

张载认为"中道""中庸"是达到"仁人"的原则和方法。"中道"是指人在修养境界上达到了"仁"，而"中庸"则是指人在修养方法上体现了"仁"。

在张载看来，"中道"的内容就是"仁"，我们每一个人要以"中道"立人，换句话说，就是以"仁"立人，同时，又要用"中道"来约束控制"仁"。不仅仅做到自己成"仁"，也要用自己的力量去推己及人，影响越来越多的人成为"仁人"。

在《正蒙·中正篇》中，有"大中至正之极，文必能致其用，约必能感而通。未至于此，其视圣人恍惚前后，不可为之像，此颜子之叹乎！"

意思是说，学习文献经典一定要能够学以致用，充分发挥学习的作用，做到学用一致；待人接物一定要严格约束自己，严于律己，做到内外一致。倘若没有达到学以致用，内外一致，就无法准确判断"圣人"的德行，从而就只能恍恍惚惚，离开了所谓的"中正之道"。

也正因为此，张载反复强调我们每个人都必须用心学习，通过学习的方式，把独善其身与兼济天下有机地统一起来，从而才能使"仁"得到最完美的体现。"中道"式的仁人形象深刻反映出了张载强化纲常名教在社会生活中的作用，也反映出了北宋初年进步知识分子的强烈使命感和责任感。

对于"中庸"，张载认为，它是达到"中道"的修养方法。《正蒙·中正篇》中张载提出："知德以大中为极，可谓知至矣；择中庸而固执之，乃至之之渐也。"意思是，将"大中"作为人之德行的最高标准。也就是说，张载认识到了人修养的最高境界。"中庸"就是达到这一最高境界的渐进方法，修养上的逐步提高，达到"中庸"。

在张载看来，通过努力，通过"中庸"，人人都可以达到"中道"的终极目标，按照圣人的本性都有达到最高修养境界的可能。

"天地之性"：天命之谓性

早在春秋战国时期，子产就提出过"天地之性"。他认为天地之性就是自然界的本性，自然界的阴阳、风雨、晦明"六气"，金、木、水、火、土"五行"，春、夏、秋、冬"四时"等现象都是从不同侧面反映了天地运行的规律，顺应天地之性也就是顺应自然界的本性。人们按照礼乐刑政的要求控制自己喜怒哀乐的情感和行为，就能同天地之性相协调，从而保证国家的长治久安。这里说的天地之性就是一个纯自然的概念，还没有人性的意义，但已经透露出了天人合一的思想。

人伦与生存本能

在中国伦理史上，最早把人的伦理和生存本能同人性相联系的是孟子和告子。告子主张"生之谓性"，并解释生为食、色，把饮食男女等人的自然属性作为人的本性。孟子接受了告子的部分观点，他说："形色，天性也。"还说："口之于味也，目之于色也，耳之于声也，鼻之于臭也，四肢之于安佚也，性也，有命焉，君子不谓性也。"这是说，人的生理器官所产生的各种欲望也是人性的一种表现，但人的嗜欲能否实现，不取决于主观条件，而是受制于某种不可抗拒的力量，这种力量就是"命"。"君子不谓性也"，所以有学问的人不把实现嗜欲作为人性来追求，否则将混同人与禽兽的区别。

孟子认为，人应当追求以仁义礼智为内容的另一种人性。他说："仁之于父子也，以义之于君臣也，礼至于宾主也，知之于贤者也，圣人之于天道也，命也，有性焉，君子不谓命也。"（《孟子·尽心下》）处理君臣、父子等伦理关系的仁义礼智这些原则是由命决定的，不可抗拒的，所以人应当尽量按照自己固有的善端（恻隐之心，善恶之心，辞让之心，是非之心）标准严格要求自己。"君子不谓命也。"有学问的不把社会伦理关系处理不好的原因推诿给"命"，而是通过主观努力把发展成为善性。从这里，我们可以看出，孟子与告子的相同点是双方都承认人具有生理属性。

天地之性与人性

《中庸》提出"天命之谓性"，是天地之性含有人性的萌芽。董仲舒在神学目的的基础上，第一次提出了人以天地之性为性的思想。他说：人受命于天，固超然异于群生，人有父子兄弟之亲，出有君臣上下之谊，会聚相遇，则有耆老长幼之施，粲然有文以相接，欢然有恩以相爱，此人之所以贵也。生五谷以食之，桑麻以衣之，六畜以养之，服牛乘马，圈豹槛虎，是其得天之灵，贵于物也。故孔子曰：天地之性人为贵。明于天性，知自贵于物；知自贵于物，然后知仁谊；知仁谊，然后重礼节；重礼节，然后安处善；安处善，然后乐循理；乐循理，然后谓之君之。故孔子曰"不知命，无以为君子也"，此之谓也。

这是说，天是宇宙的最高主宰，他按照自己的本性塑造出人和万物。但，天为人制定了人伦关系，提供了衣食住行，并赋予人驾驭万物的能力，所以，人得天的精华，在天地之性中人性是最宝贵的。因此人应懂得"天地之性人为贵"的道理，努力把自己锻炼成为知仁义，重礼节的"君子"，这里的天地之性，既包含人性，又包含物性，显得庞杂而混杂。

班固编辑整理的《白虎通》说："五行所以相害者，天地之性。"这里所说的五行，指的是金木水火土五德，把邹衍的"五德终始"，作为天地的本性加以宣扬，在天地之性的内容上没有突破。

王充从批评神学目的论的立场，对天地之性重做分析。他认为，天地之性是古往今来存在的"自然之道"，不存在任何神秘性。从事务存在的状态来看，"天地之性有形体之类，能行食之物，不得为神。"这是说，天地之性无论是通过有形体无生命的物体，或是有形体有生命的物体表现出来，都是对物的反映，在物之中，人为贵，"贵者不神，贱者反神乎？"人都没有神性，万物怎么能有神性呢？

从事物发展的变化看，"天地之性，更能生火，不能使灭火复燃；更能生人，不能另死人复见。"死灰不能复燃，人死不能复活，世界上没有重复出现的同一事物，这就是天地的本性；"天地之性"所固有的这一发展变化趋势，是对人死为鬼，且能害人之类迷信的有力驳斥，所以他又说："天地之性，本有此性化，非道术之家，所能论辩。"

王充还认为，天地之性就物性而言是无神的，就人性而言，又是至善的。这样，天地之心就具有物质的和道德的双重性质。作为人的道德属性，只有孟子的性善论才能称之为天地之性，荀子的性恶论，杨雄的性善恶混，皆非"尽性之理"，都不是理想的人性；而达到天地之性的途径则取决于人的主观努力。

张载在前人"天地之性"的基础上，提出了自己的见解。他认为："天地之性"就是"气"最原始的状态。在人性上的体现就是"性于人无不善"。在《正蒙·正道篇》中说："天体物不遗，犹仁体事无不在也。"这是说，天生万物而没有遗漏，圣人把这种恩爱万物的性质概括为"仁"，并在自己的言行中处处体现出来。

所以，"仁"归根到底是模仿了天地的性质。与此同时，张载认为，天地虽然不说话，但却是最诚实无欺的，"诚"的品德就蕴含了"天地之性"。按张载的说法，"天命"就是"性"。

– 05 –

"气质之性"：人亦出于太虚

张载的性论观点一开始就是指人，但其人性论的真正展开却是在一系列的天性、物性的宇宙本体论的推演之后，而且首先是以作为生之理的"气质之性"出现的。《正蒙·诚明篇》有云："形而后有气质之性，善反之，则天地之性存焉。故气质之性，君子有弗性者焉。"张载从自然的观点对人性进行了分析。因为人的出现，首先是从受质形起，而一当受质形成，首先表现出来的便是"口腹于饮食，鼻舌于臭味"等气质之性。

太虚与人性

"太虚"是张载哲学体系的最高概念，是产生万事万物的宇宙本原。张载关于人性的学说，与他的气本论是相联系的。他企图从"太虚即气"的观点出发，对人的本性进行解释。在《张子语录·中》中他提出了"人亦出于太虚"的论断。他认为世界上的一切事物都是由气构成的，人也是"太虚之气"凝聚而成的。

由于气扩散开来的状态万殊不一，所以人所受的"气"也无一相同。或得之清，或得之浊，或得之宽，或得之狭，或表现为有才能，或表现为无才能。他在《张子语录·下》中说："人之性虽同，气则有异。天下无两物一般，是以不同。孔子曰性相近也，习相远也。性则褊宽昏明名不得，是性莫不同也，至于习之异斯远矣。"他认为，人的本性虽然都相同，但是气是不一样的。天下没有任何两个物体是完全一样的。性，并不是完美无缺的人性。

在儒家学说中，张载第一次提出人性有两个层次，低层次的叫作"气质之性"，这是不善的土壤；高层次的叫作"天地之性"，这是善的根源。张载的这种区分，既坚持和发展了孟子的人性学说，又解释了不善的来源，在中国古代伦理学说史上起着承前启后的重要作用。

张载的"气质之性"与先辈们有所不同，他认为，人的生理本能和生存欲望并非都是恶，"饮食男女皆性也，是乌可灭？"（《正蒙·乾称篇》）正当的生理欲望是合理的，他所反对的是不加节制的欲望，这就纠正了荀子、韩非子等人把人的欲望通通看成是恶的偏向。对此，朱熹曾作出发挥，当有人问"饮食之间，熟为天理，熟为人欲"时，他回答："饮食者，天理也；要求美味，人欲也。"

张载认为，性是一事物区别于其他事物，以及人区别于物的本质属性。事物之所以各不相同，人与物之所以有别，其原因就在于各自具有不同的质的规定性。他说："天下凡谓之性者，如言金性刚，火性热，牛之性、马之性也，莫非固有。凡物莫不有是性，由通蔽开塞，所以有人物之别，由蔽有厚薄，故有智愚之别。"指出性是事物固有的本质属性，它存在于万事万物之中，只要是物，都有其性，不存在没有性的事物，牛有牛的性；马有马的性，人有人的性。正因为人、物各有其性，才有人与物的区别。在人之中，智人与愚人的区别，也由于其各有不同的个性。张载"凡物莫不有是性"的思想强调事物的性是事物本身所固有的，性与事物不可分离，事物的不同是由于其性的不同。这表明其所谓性，既具有客观性，又具有特殊性。

张载一方面承认"气质之性"的合理性，另一方面又反复强调不能使"气质之性"不受节制的发展，不能离开"天地之性"来讲"气质之性"。为此，他批评告子不懂得人性的真谛。他在《正蒙·诚明篇》中说："以生为性，既不通昼夜之道，且人与物等，故告子之妄不可不诋。"昼夜之道即一阴一阳之道也。

张载认为，告子讲人性，只讲气质之性，即只讲人的生理属性，不讲人的天地之性，即人的道德社会属性，说明其没有全面了解阴阳之气对人的两种属性的决定作用。在张载看来，"气"决定了人的气质之性，又决定了人的天地之性。如果像告子所主张的那样，必将使气质之性脱离天地之性的制约而盲目膨胀，把人降低到动物的水准。

"太虚即气"的宇宙本体论

张载认为世界统一于气，气聚则形成万物，气散则形成"太虚"，万物和"太虚"是气存在的不同形式。"太虚"和万物只是"气"这一物质实体的不同形态。万物的产生和消亡，只不过是气的聚散，即由一种形态转化为另一种形态而已，这就有力地论证了世界上只有物质气的存在，根本不存在什么"虚无"的本体，从而明确肯定了世界的物质性及其统一性。

张载又指出太虚、气和万物的关系。太虚是气散的状态，也是气的"本体"，即本来的、原始的状态；气聚而为万物，仍不改变气的本质；物散而为太虚，恢复了气的本来状态。所以，太虚、气、万物从本质上讲完全是一回事，它们之间只是聚散关系，可以说是本同而形殊。

气凝聚为万物的时候，人可以观察得到，气散复归于太虚时，就不能为人所看到了。凝聚的气和分散的气，同是气的不同形态，所以，看得见的东西固然是有，看不见的东西也不能说它是无，它只是微而不显罢了。以这种"太虚即气"的基本观点为依据，张载还对"天""道""性""心"诸概念、范畴进行了解说。他认为天是散而未聚的太虚之气，道是气的运动变化，性是太虚之气的本性与具体的物或人所禀之气的结合，心是人的本性与知觉作用的结合。

– 06 –

人性二元论："天地之性"与"气质之性"

有人曾对宋代人性论的发展进行概括："北宋时，关于人性，又有一种新说，与以前的性论都大不同，即性两元论。认为人性实有二：一是'天地之性'，或'义理之性'，又仅称为'性'；一是'气质之性'，亦仅称为'气质'。天地之性或义理之性是纯善的，气质之性则有善有恶。"

人性二元论

宋代理学家都为了合理地解释人的本质，探寻人性的善恶，从而为人的成圣成贤找到理论根据。应该说，从宋代理学诞生起，人性论就和本体论紧紧联系在一起，几乎每个思想家都是在本体论的基础上阐述人性论的，而"天地之性"和"气质之性"的二分，正是理气二分的本体论在人性论上的落实和体现。

在本体论的前提下，宋代理学家对人性论进行了深刻的论述。张载作为宋代理学家的代表人物，将"天地之性"和"气质之性"在前人的基础上逐步完善。相对于理气关系来说，气由理产生，理决定气，由理产生的天地之性就成为由气产生的气质之性的本体。这种人性论导致了"存天理，灭人欲"理论的产生，对宋代以后的思想发展产生了深远的影响。

人性二元论的主张并不是从宋代开始的，早在唐代李翱的性善情恶论中已经显示出来，李翱主张人之性先天就是善的，而情则是产生人性恶的根源，他说，"人之所以为圣人者，性也；人之所以惑其性者，情也。喜、怒、哀、惧、爱、恶、欲七者，皆情之所为也，情既昏，性斯匿矣，非性之过也"。圣人和众人的性先天是一样的，都是"天之命"，是本善的，差别是圣人不为情所困惑，能够保持纯善的天性，而众人不能固守天性诱惑而损伤天性。所以他提出要"复性"。

从这里，我们不难看出，李翱的性善情恶论中，已经蕴含了性二元论的萌芽。被称为理学开山祖师的周敦颐也有性二元论的倾向。周敦颐讲"诚"，他说："诚者，圣人之本。大哉乾元，万物资始，诚之源也；乾道变化，各正性命，诚斯立焉。纯粹至善者也。"在周敦颐这里，诚是人所受于天的本然之性，未有善恶的对立，是纯粹至善的，乃一切道德的本原。性因刚柔之不同，分为刚善，柔善，刚恶，柔恶，而不偏于刚柔之善，则谓之"中"。人之性刚柔不齐，善恶不同，但通过教化可以使人自易其恶而至于中。周敦颐的诚与性的区分与后来的"天地之性"与"气质之性"的区分很相似，但真正以"天地之性"与"气质之性"来区分性的是张载。

"天地之性"与"气质之性"

张载作为理学开创者，他的气本论对中国古代气学思想有很大影响。将元气自然说提升到了本体论的高度，促使气学思想上升到了一个新的高度。由气本论繁衍而出的人性论，更是给其后的人性论以巨大影响。

张载通过太虚与气两个概念来解释"性"的定义，他说："由太虚，有天之名；由气化，有道之名；合虚与气，有性之名；合性与知觉，有心之名。"关于天、道、性、心的关系，张载给予了明确的总结，张载认为，太虚是天，道就是气化的过程，虚与气构成了"性"，性和知觉构成了"心"，性是太虚和气共同作用的结果，太虚和气是"性"的主要来源。

太虚与气的关系，不仅是张载解释天地自然生成的基础，也是他由天道观向人性论贯通的最基本的理论前提。太虚和气应该是本体和现象的关系。从张载的论述来看，太虚不是气，而是气的形而上者，气则是形而下者，虽然气在太虚中蕴藏着，但是，太虚却具有很独立的特质，它不随气的变化而变化。"气之聚散于太虚，犹冰凝释于水"，意思是说，气有聚散，有形态的变化，而太虚没有，冰凝释于水，但水的性质没有变化，而是蕴含在冰中。气凝聚为万物，散释为太虚，但太虚却没有发生变化。

由于太虚和气是两个完全不一样的物体，所以它们对"性"在形成过程中所起的作用也就不同。在张载看来，"太虚之性"是沉静合一的，"太虚"是"性"的渊源，而沉静合一的"太虚之性"，张载又称其为"天性"或"天所性"，"天所性者通极于道，气之昏明不足以蔽之"，天性与道相通，是纯一至善的，不会被浑浊之气所遮蔽，即使从太虚之处影响人，也不会改变其至善的本性。

"天性在人，正犹水性之在冰，凝释虽异，为物一也"，就像水之性一样，无论其形态凝为水或释为冰，其性都不会改变。而气不仅因分散才聚之于太虚，有太虚的"至善之性"，也有其"攻取之性"，"湛一，气之本；攻取，气之欲。口腹于饮食，鼻舌于臭味，皆攻取之性也。知德者属厌而已，不以嗜欲累其心，不以小害大，末丧本焉尔。"口腹、鼻舌对于饮食、臭味的嗜欲，都是攻取之性，相对于湛一的太虚之性来说，是小与大、本与末的关系。

从形上本体的角度来看性，性表现为太虚的"湛一之性"和气的"攻取之性"，而落实到人，则表现为"天地之性"和"气质之性"。在张载看来，"天地之性"是至善的，"性于人无不善，系其善反不善反而已"，而且"天地之性"是至高无上的，"天地之性久大而已矣，莫非天也"，气质之性则是人天赋的气性组合而成的，由于人生而天赋不同，就会形成不同的气质之性。

对于人和物来说，物是天赋气性之浊者，人是天赋气性之清者，就人来说，又有清浊之分，天赋气性极清的人，为圣人，天赋气性浑浊的人，为常人，天赋气性极浊者为恶人。也正因为人生而所带的天赋气性不同，才有了"气质之性"的不同，"气质之性"就是由物质本性所决定的生理本能，生存本能是气的好坏的特性所决定的，亦即"习俗之气性"。

人在成长过程中，由于所承受之气不同，就会形成不同的"性"，所承受的气正，则得性之全体，为纯善；所承受的气不正，则得性之一部分，人性便会善恶相混，就形成了气质之性。

张载把至善归为"天地之性"，善恶相混则规定为"气质之性"，他继承了孔子孟子的性善论，承认人的本性是善的，但是本善的人性，究竟为何会变成善恶相混，甚至极恶，这个问题却是无法从孔孟那里得到解决的。而张载将其分为"天地之性"和"气质之性"，既保证了人性善的先天依据，也说明了人性恶的来源，解决了人们关于人性善恶的争论。

– 07 –

人的自我修养："变化气质"

变化气质，有两层意思。其一，把天地之性从气质之性中清除出来，以保持天地之性所固有的善性。其二，天地之性改造气质之性，把人的生理生活欲望置之于封建道德观念的控制之下，使气质变好。

张载在《正蒙·诚明篇》中说："形而后有气质之性，善反之，则天地之性存焉。故气质之性，君子有弗性者焉。"这句话说的是要善于发现气质之性中的天地之性，通过二者的对比，深刻认识到"天地之性"与"气质之性"的区别，认识到"天地之性"是真正理性的人生，从而保持"天地之性"中的善性。

"变化气质"

孟子在《经学理窟·气质》中说过"居移气，养移体"，他认为，人所处的地位对其气质和志向性格都有很大影响，犹如供养可以改变人的形状和体魄一样，所以，"自处"对于人来说是非常重要的。而自处的首要因素就是"仁"。孟子从"居其气，养移体"中说明自我修养的重要性。而张载则不同，他以自我修养作为变化气质的理论依据，认为人的自我修养不论是将"仁"放在首位，抑或是将"义"放在首位，他们都有一个共同的目标，就是使"气质变好"。

《经学理窟·学大原上》中有说："义者，克己也。"克己，指的就是克服自己的一切私欲，也就是说，"义"就是以刚强坚毅的道德力量去遏制不合义理要求的生理和生活需求。例如，在非常急迫的形势下，也要用自己的意志力去克服这些挑战，做到不违背礼的规范，时时刻刻使自己的行为合乎礼仪规范。

张载在此方面有非常深刻的体会，"去恶，积善，常积不息方可取得浩然道德之气。"他介绍自己在这方面的体会经验："某旧多使气，后来殊灭，更期一年庶几无之。"他通过克己，使自己产生了变化，化却习俗之气性，制得习俗之气。这也与《经学理窟·学大原上》中的思想不谋而合。

孟子认为，所谓的浩然正气，是最伟大、最刚劲的，如果用正义去培养而不伤害它的话，它就会充满于天地之间，无所不在。君子的人格精神和人格力量，只能来源于自身的正气，也就是"浩然之气"，它要靠自身的正直去培养，把它与"义"和"道"结合起来，在长期的修养中获得，而不能一蹴而就。

"心弘克己"

《大学》中有"心广体胖"之说。这就把思想感情与外貌仪表之间的关系说了出来。而张载则把心弘与变化气质相联系。张载认为，心弘才能克己。他认为，有些时候，人们想做成某事，却往往做不到，很大一部分原因就是他们的内心"不弘"。他们的内心战胜不了身体本能对他们自己的阻碍。而只有坚定地走变化气质的路，用义理之心克服自我阻碍，即"以心克己"，才能真正使自己成功。所以心弘与不弘，同克己、同变化气质有些直接的因果关系，"故君子心和则气和，心正则气正。"说的就是这个道理。

克己、心弘都需要通过学习的方式，进行思想教育才能实现。在《经学理窟·学大原上》中说："克己，下学也，下学上达交相培养，盖不行则成何德行哉！"张载把下学上达作为克己的基本途径，他认为：同时拥有下学和上达，有能够很好地谋人事，观察人伦义理，学习"君臣，父子，上下"之义，那么就能够通达天理。与此同时，他还认为，下学上达，两者相互作用，才能改变气质。

上达了天道，就会乐于听从天命的安排，就不会埋怨天；学习做人的学问，就能管束自己，就不会责备别人。以张载的观点来看，克己就是要在下学上达中进行。换句话说，克己，下要到对封建道德的实践，上要到于封建道德约束下自省。所以无论是下学，或是上达，都是学问之事，学习对变化气质，去恶从善是至关重要的。

张载在《正蒙·诚明篇》中说过："领悟而全好者，其必由学乎！"可见，在张载眼中学习对于变化气质的重要性。人气质善恶、贵贱，寿命长短等都与变化气质有很大关系。因而，剔除气质中恶的成分，达到完全的圣贤，就一定要通过学习之路，去恶扬善。而那些不知学习的学者，停止学习，没有精神活动的改变，不能分辨善与不善，是与不是的界限，在变化气质中也就不会有什么进步，也就不会懂得成为圣贤的真蕴意。

张载提到过"仲尼发愤而化至于圣"，我们可以看出，张载认为，圣人是可以通过学习，从而改变自身的气质的。学者可以通过修炼自己的品德改变自身气质。无论自身现在气质好与坏，都可以通过学习的方式，以修身养性的方式，使气质得到改变。因为气质好的人就是通过学习得到的结果，气质不好的人也可以改变。

— 08 —

"天理"：本然至善

庄子在《庄子·天运》中说："夫至乐者，先应之以人事，顺之以天理，行之以五德，应之以自然，然后调理四时，太和万物。"庄子在此所说的"天理"指的是自然的法则，也就是宇宙间主宰一切的玄妙规律。而在儒家思想中，"天理"则是道德学说，也就是伦理纲常。那么张载认为"天理"到底指的是什么呢？

张载说："人之性虽同，气则有异。"张载认为人受到"气"的影响所产生的不同人性叫作"气质之性"。与"气质之性"相对的性叫作"天地之性"，"气质之性"永远不是完美无缺的，是属于低层次的人性，但"天地之性"是完美无缺的，属于更高层次的人性。在张载看来，人的"天地之性"是本然至善的，所以善性即天理。

本然至善的天理

张载认为"天理"的内涵大致为四层意思：第一，能使天下的人都满意的，能够贯通天下之志的理就叫作天理。第二，没有人能影响到天理，天理不会因为任何人而改变。第三，天理是会随着时代的发展而发展的。第四，天理在不同事物的表现上是不一样的，虽然天理只有一个。

张载在《正蒙·诚明篇》中写道："所谓天理也者，能悦诸心，能通天下之志之理也。能使天下悦且通，则天下必归焉；不归焉者，所乘所遇之不同，如仲尼与继世之君也。舜禹有天下而不与焉者，正谓天理驯致，非气禀当然，非志意所与也；比曰舜禹云者，余非趁势则求焉者也。"也就是说，天理包含两个方面：一是天下之志之理即天下所有事物的道理，也就是存在的客观事物的道理；二是能悦诸心即所有人都认同，包含所有人共同志向的道理就是天理。

张载说："四时行，百物生，无非至教。"也就是说四时百物都是依照天道运行，被天理所左右，而人从天地运行中所感悟出来的能悦诸心的道理就是天理，表现在人的身上就是伦理观念。孟子认为人应当追求仁义礼智，处理君臣、父子等伦理关系的原则就是天理。"君子不谓命也"，有学问的人不会因为处理不好伦理关系而怪罪命。张载继承了这种观点，并且把性与气联系在一起，提出了"气质之性"。荀子认为人的本性是恶的，张载并不赞同这种看法，他认为人的生存本能和欲望并非都是恶的，人正常的生理需求当然是合理的，只是要在一定的范围内，不能够不加节制。

最早提出以"天地之性"为性的思想人是董仲舒，他认为天是宇宙的最高主宰，天塑造出了人和世间的一切，为人提供了生存需要的一切，并为人类制定了人伦关系，所以人要知仁义，重礼节。但是他把"天理"和"人欲"混杂在一起，显得有些庞杂。王充则认为，"天地之性"具有双重性，包括物质和道德两个方面，在物质方面是无神的，在人性方面是至善的。这些都对张载的"天地之性"产生了直接影响。张载因此而得出了善性即天理的论断。

天理不因意志而转移

张载还认为天理不会因为个别人的意志而产生转移。"舜禹有天下而不与焉者，正谓天理驯致，非气禀当然，非志意所与也；比曰舜禹云者，余非趁势则求焉者也。"像舜和禹这样古代圣贤的人，他们也是顺应天理而做才能达到那样的圣贤和伟大，不是他们个人所具有的气质或者是他们所拥有的志向决定的。"在帝左右，察天理而左右，天理时义而已。"他要求人们在考察天理的时候要像对待上帝一样来考察"天理"，然后去实现"天理"。

所以张载认为"天理"具有必然性，不论一个人的地位有多高，下到平民百姓，上到君王群臣，所有人都必须服从"天理"，没有任何一个人可以例外。因此，从一定的程度上来说，天理可以成为制约君主权威的因素。同时他也认为"天地之性"和"气质之性"同时存在于每个人身上，人要想实现"天理"的本然至善，必须去除"气质之性"中存在的不好的一部分。从而使人体内的"天地之性"得到发挥。"性犹有气之恶为病，气又习以害之。"由于"气质之性"的遮蔽，只有"变化气质"，才能恢复"天地之性"，保持"天地之性"的善性，即回到"天理"的本然至善，所以"人皆可以为尧舜"。

"天理"是会随着时代而变化发展的。哲学上讲，任何事物都是不断发展变化的，"所谓天理者，时义而已"，意思就是符合时义的天理，会随着时代的发展而不断发展，不断地深化和丰富天理的内容。张载认为，做人的道理必须在宇宙这个大范围之内进行探索，而且要切合当时的时代情况。因此，张载认为，天下没有永恒不变的"天理"，一切符合时义的善的思想和行为在他看来都是"天理"。

"天理"在不同事物上的表现都是不同的。"天下之理无穷，立天理乃各有区处"，"天理"在事物身上就是对一件事物道理的反映，在人的身上，则是对"本然至善"的天理反映。这样的天理是一个复合的概念，并不能够用政治制度和伦理道德观念来概括。事物中存在的"天理"是属于事物的理，人身上存在的"天理"是属于道德属性的。

总的来说，我们可以根据张载"天地之性"本然至善的理论，得出"天理"同样是"本然至善"的。

— 09 —

"人欲"：人对物欲之追求

人的善性即"天理"，天理是一个抽象的概念。但是人的"气质之性"则是具体的，也就是说"人欲"是具体的，表现为人对物质的欲望或者追求。那么"人欲"指的是什么呢？

张载说："攻取，气之欲。口腹于饮食，鼻舌于臭味，皆攻取之性也。"所以"人欲"又叫作"气之欲"、"攻取之性"。王夫之曾在《张子·正蒙》说："此言气质之性，盖孟子所谓耳目口鼻之于声色嗅味者尔。"这就是张载"气质之性"的来源。张载认为"气质之性"就是指生物由物质本性所决定的生理本能、生存本能，人对物质生活的需求和欲望就是"人欲"。

物欲是人的正当需求

孟子说："形色，天性也。"又说："口之于味也，目之于色也，耳之于声也，鼻之于臭也，四肢之于安佚也，性也，有命焉，君子不谓性也。"也就是说人欲也是属于人性的一种表现，但人欲的实现取决于命，而孟子认为人应当追求仁义礼智。也就是说孟子认为人伦理纲常比人欲更为重要。

荀子则说"饥而欲食，寒而欲暖，劳而欲息，好利而恶害""目好色，耳好声，口好味，心好利，骨体肤理好愉佚"，他认为这就是人性，这和孟子所持的观点相同。"性者，本始材朴也。"他认为人性是天然生成的。"凡用血气志意知虑由礼则治通，不由礼则勃乱提侵。"人性来源于人的"血气"。

但是这种人性必须加以约束，人要通过自己的努力才能去除这种欲望，才能将血气化为礼义。在荀子的观点中，他也认为人欲是恶的。

张载则与孟子和荀子两人的观点相反，他并不认为，人的生存欲望和生理需求都是恶的，人欲是属于人正当的生理需求。朱熹和张载持有相同的观点，曾经有人问他"饮食之间，孰为天理，孰为人欲？"朱熹回答道："饮食者，天理也；要求美味，人欲也。"

朱熹认为饮食是解决一个人基本生活诉求的，但是过分追求食物的美味，或者超越延续生存条件，追求美好物质生活的欲望，就是需要遏制的人欲了。正当的生理和生存欲望是合理的，但是他反对过分的不加节制的欲望。他把孟子和荀子将人欲都看成恶的观点加以纠正。

《论语·述而》中说："富而可求也，虽执鞭之士，吾亦为之。"这句话的意思就是财富如果可以求得，就是做一个赶车的马夫我也愿意。张载认为只要取得财富的方法得当就可以去做，并不是说对于财富不计代价的追求。因此，张载从来没有反对过人欲，他更认为"饮食男女"是人们的正当追求，还是合理的。

张载说："今之人灭天理而穷人欲，今复反归其天理。古之学者便立天理，孔孟而后，其心不传，如荀扬皆不能知。""古人耕且学则能之，后人耕且学则为奔迫，反动其心，何者？古人安分，至一箪食，一豆羹，易衣而出，只如此其分也；后人则多欲，故难能。"古人一箪食，一豆羹，安分守己，生活欲望也简单，出门穿件衣衫就能够得到满足。但是今人视劳动为负担，心里想的是如何穷"人欲"。在他看来，"人欲"是允许的，但向前走一步就变成恶的行为了。

穷欲即恶

张载认为穷欲，就是为了追求物欲，而丧失理智，也就是不讲道德，只讲欲望。为了控制人欲，他反对奢侈和淫乐之风。《礼记·乐记》中写到："夫物之感人无穷，而人之好恶无节，则是物至而人化物也。人化物者，灭天理人穷人欲者也。"于是有悖逆诈伪之心，有淫逸作乱之事。

这是说，外界事物无穷无尽地撼动人心，而人的好恶的情欲又不能加以节制，这样外物的作用就会发挥到极致，从而使人也随物化，就是灭绝天理而穷尽人欲。如果这样，人们就要产生悖逆、欺诈、虚伪的念头，就要发生纵情放诞，为非作歹的事情。喜欢奢侈的人会放纵自己的欲念，追求享乐的人，不知道适合的行为是什么，这样就是道德崩坏。因此，人要学会节制自己的欲望。

但是张载关于人欲的说法也有维护封建统治的等级制度方面的。他要求人们追求自己的欲望要"称其才，随其等"。也就是说不同的阶级追求自己的欲望要看自己的财产和自己所处的阶级和等级，财产多的人追求自己的欲望和财产少的人追求的欲望不能相同。这种思想深深地影响到了朱熹。

朱熹在《朱子语类》中说："像齐宣王这样的君主，即使有钟鼓、苑囿，游观之乐"，有"好勇、好货、好色之心"，这也是合乎天理的。但是一个平民百姓这样想的话就是穷欲了，就是不合适的。这样说无非是为了维护封建社会的阶级统治和阶级观念，这和张载朱熹所处的时代和他们所代表的阶级利益是息息相关的。

- 10 -

"天理"与"人欲"：辩证的统一

"天理"与"人欲"的关系是什么？所有的理学家都思考过这样的问题，不同的人有不同的理解，所以有不同的结论。

理学家朱熹认为"天理"和"人欲"是对立的关系，主张"存天理，灭人欲"。朱熹认为"天理"是"仁、义、礼、智、信"的总和，也就是封建的伦理纲常。"人欲"是人们生活欲望和物质利益要求。他认为这两者是对立的，强调"不出于理则出于欲"，人类应该把所有的欲望都禁止，要求人们放弃追求美好生活的欲望，绝对遵守伦理观念。

辩证统一的天理

心学大师王阳明将"天理"和"人欲"统一起来，认为天理即人欲。但是这样想的话，人的欲望是难以统一的，当两个人的欲望对立的话，就说明天理是对立的，这样说来并不能讲得通。

那么他"天理"和"人欲"之间的关系到底是什么呢？张载认为"天理"和"人欲"之间的关系是辩证的，二者既对立又统一。

"人欲"来源于"天理"。事物运行的规律就是"天理"，表现在人的身上就是"人欲"，人要吃饭，要穿衣，要听音乐，这些就是"人欲"，人生存的基本条件就是"人欲"，这是符合事物发展的运行规律的，是符合天理的。和人的"气质之性"受制于"天地之性"一样，"人欲"同样受制于"天理"。当"人欲"和"天理"相对，主宰"人欲"的人的道德属性，人的善的思想和行为都是"天理"。

控制"人欲"，便可以固"天理"。人不要贪图享受，不要铺张浪费，不要骄奢淫逸，不要随意放纵自己，就能"立天理"。另外人还要"穷理""尽心"。所谓"穷理"，便是要穷人伦之理。

首先，所有人都要有"民吾同胞，物吾与也"的思想。他在《正蒙·乾称篇》中是这样写的："大君者，吾父母宗子；其大臣，宗子之家相也。尊高年，所以长其长；慈孤弱，所以幼吾幼；圣其合德；贤其秀也。凡天下疲癃、残疾、惸独、鳏寡，皆吾兄弟之颠连而无告者也。"即每个人都是不可或缺的，但是每个人都要维护现存的等级制度。

其次，所有人都要尽孝道，顺从天地父母的安排。他说"于时保之，子之翼也；乐且不忧，纯乎孝者也。违曰悖德，害仁曰贼；济恶者不才，其践行，唯肖者也。知化则善述其事，穷神则善继其志，不愧屋漏为无忝，存心养性为匪懈。"张载认为尽孝道不能局限于在家族之内，而是将它推广到社会生活的各个领域。主张敬天当如敬亲，爱天当如爱亲。

最后，那些事亲敬天，不吝惜自己生存权利，不计较个人得失的"先贤"是人们需要效仿的对象。他继续说："恶旨酒，崇伯子，之顾养；育英才，颖封人之锡类。不弛劳底豫，舜其功也；无所逃而待烹，申生其恭也，体其受而归全者，参乎！勇于从而顺令者，伯奇也。富贵福泽，将厚吾之生也；贫贱忧戚，庸玉女于成也。存，吾顺事，没，吾宁也。"像崇伯子、颖考叔、舜、申生、曾参、伯奇这些人，都无条件地孝敬服从父母，即使受到不公正的待遇甚至是虐待和摧残都泰然受之。活着的时候顺从，等到死的时候才能达到安宁。这样人就不会有穷欲之念。

尽心循天理

穷尽了人伦之理，还要"尽心"。那么人要怎么"尽心"呢？张载说："心统性情者也，有形则有体，有性则有情，发于性则见于情，发于情则见于色,以类而应也。"前边所说,"善性"就是"天理",人的情感外观物质欲求就是"人欲",所以用心控制好性情,"人欲"和"天理"就不会产生矛盾,也就是用心来掌握好一个度。

那么心要怎样才能掌握好这个度呢?张载认为,必须要"无我"。他反复强调"学者当无我。""无我而后大,大成性而后圣。""天地合德,日月合明,然后能无方体,能无方体,然后能无我。"也就是说只有先"无我"才能成圣,"无我"是成圣的前提。这种"无我"精神就是一种公而忘私的精神,这样的人才能成圣,达到充实与光辉。他认为人们都要有这种公而忘私的精神,这样才能在"天理"与"人欲"之间得到统一。

除此之外,张载认为还要靠内省,主要就是通过读儒家的经典来印证自己的思想和行动。他的学生曾经这样记载过:"终日危坐一室,左右简编,俯而读,仰而思,有得则识之。"张载自己终日践行着这种思想。

但我们要想"穷理""尽心",最需要明白的是:"天理"和"人欲"之间是可以相互转化的。举个简单的例子,之前所说的饮食之事,饮食本来是人的正当需求,是天理,但是一个人如果过分追求事物的精美和美味,那这样的行为就会使"天理"转化为"人欲"。就是说保持一个人正当生理需求的事就是"天理",但是过分追求的话就会转化成"人欲"。

– 11 –

民吾同胞，物吾与也

张载先生提出的"民胞物与"思想，恰如《中庸》所说的："素其位而行，素富贵行乎富贵，素贫贱行乎贫贱。"不怨天，不尤人，做好自己本分的事，勇于承担人的责任与使命，懂得体谅他人，关爱他人，照料、容忍、宽容他人。将"世人"都当作我们自己，当作我们的同胞。

"民胞物与"思想的理论基础

北宋时期，少数民族活跃，与宋王朝矛盾重重，而张载居住的地方接近西北边陲之地，使得他深深地受到西北边患的影响。他深切关注民生疾苦，关心天下大事。《张载集·义理》中："吾徒饱食终日，不图义理，则大非也。"张载时时刻刻提醒自己百姓生活的艰辛与不易。学习儒家丰富的儒家观念，钻研孔孟之道，借助儒学中的《周易》《中庸》等思想，建构了自己的"气化论"和人生哲学。

张载在《西铭》中提出了"民胞物与"的思想其蕴含鲜明的平等与博爱的儒家思想。可以说，张载的"民胞物与"思想是基于当时北宋的社会现状所提出的，来源于孔子的"泛爱众"（《论语·学而》）思想，主张以"爱人"实现生活中的和谐交往；孟子的"仁民而爱物"（《孟子·尽心上》），强调"仁爱"观念的层次性，以及"圣人耐能以天下为一家，以中国为一人"（《礼记·礼运》）的精神。这是对儒家思想的继承与发展，目的是建立一个平等

第三课　人学思想：为生民立命 | 109

而仁爱的大同社会。

《西铭》有这样的描述："乾称父，坤称母；予兹藐焉，乃混然中处。故天地之塞，吾其体；天地之帅，吾其性。民，吾同胞；物，吾与也。大君者，吾父母宗子；其大臣，宗子之家相也。尊高年，所以长其长；慈孤弱，所以幼其幼……凡天下疲癃、残疾、惸独、鳏寡，皆吾兄弟之颠连而无告者也。"意为，人是天地的产物，天地是人的父母，人是渺小的，和万物一样，共生于天地之间，塞乎于天地之间的"气"是人的身体，统帅天地的是人的本性。因此，天地间万事万物都是我们的同胞兄弟，都是我们的同伴。宇宙作为一个大家庭，每个儿女都必须在这个家庭中承担义务。

无论君王或百姓，年长或年幼，都是天地父母之子，人与人之间都是同胞兄弟，彼此应当平等看待，友善相处。尊敬年高之长辈，以此达到对年长者之普遍尊重；慈爱孤独弱小之子女，以此达到对年幼者之普遍爱抚。普天下劳作疲惫的人，身染病患的人，残疾不全的人以及失去父母的孤儿，失去子女的老人，没有妻室的鳏夫和没有丈夫的寡妇，都是我们颠沛流离可怜无告的同胞兄弟，应伸出援助之手，解救他们的困难，给他们以保护和安全，使他们脱离忧伤而得到快乐和幸福。

张载认为人们只有爱己、爱人，做到"民相趣如骨肉……谋人如己，谋众如家"（《经学理窟·学大原上》），"立并俱立，知必周知，爱必兼爱，成不独成"。（《正蒙·诚明篇》）才能使社会的发展达到和谐的程度。

"民胞物与"和"天人合一"

张载继承《周易·说卦》里的"乾，天也，故称乎父；坤，地也，故称乎母。"以"乾父坤母"将人与万物共存的宇宙，定性为一个"人"，这个"人"与宇宙达到了前所未有的密切。乾父坤母强调超越性的天地对于人的根本意义。将天地万物视为亲密无间的朋友，这是一种以宏大的气魄与广阔的视野来审视宇宙人生的态度。

张载建构以"太虚即气"为本体的天道观来推论人事，形成了"天地万物一体"的世界观理论体系。这就从天与人的统一推论出天道与人道的统一。人不应以自我之私为出发点去谋求利益，而应当以明天地之理来坦然生活。

"民吾同胞，物吾与也"中，"民"指老百姓；"胞"即同胞或亲兄弟；"物"指自然界的万物；"与"指朋友或同伴。"民胞物与"的含义就是指天下所有的人都是我的亲兄弟，自然界的万物都是我的同伴。这一思想所表达的就是儒家文化中"天人合一""推己及人""推己及物"的博爱精神。他说："儒者则因明致诚，因诚致明，故天人合一。"（《正蒙·乾称下》）可以说，张载是以"天人合一"为基础，提出了他较为完整的"民胞物与"思想。

所以，"民胞物与"的思想就是"天人合一"的现实层面。"天"无处不在，现实世界的人能够做的就是"大心体物"，就是主体通过自身的修养来培养博大的心胸，使自身从"闻见之知"向"德性所知"转化，进而提高自己的道德修养，最终体验"无孤立之理"的万物及与万物一体的浩瀚宇宙。所以，拥有"大心"的人必然能够走出自身的狭隘视线，逐渐形成包容万物之心。

张载将社会交往中人与人的关系定义为平等而仁爱的兄弟关系，这是对传统的君臣、父子、夫妇、长幼、朋友关系的重大突破，也为陌生人之间的和谐交往提供了理论基础。由此看出，张载十分关注颠沛流离的人民及同情他们的苦难生活及种种不平等现状，张载建构的"民胞物与"的社会理想，蕴含着改变社会不平等状况的博爱思想。

第四课

———

道统论

为往圣继绝学

关学的创立是张载对我国传统文化的莫大影响和丰厚的奉献，对于后世的儒学家有着很大的影响。不论在当时的北宋还是直到清代，都有学者对张载的关学思想进行吸纳发展和传承。宋代的吕大钧、吕大临、苏昞、范育、李复等人对关学的形成与发展起到了重要的推动作用，明朝末年的冯从吾，更是全面继承了张载思想的为学传统，并且还总结了关学五百年来的发展历史，先后创建关中书院、首善书院，在这些历代名儒的努力中，不难看出张载"为往圣继绝学"的传统已深入人心。

– 01 –

孔孟绝学：圣学需专礼法修

老子曾说过"绝学无忧"，意思就是放弃学问知识，人才能够保持淳朴的天性从而没有忧虑。张载则化用"绝学"一词，代指失传的学问。"为往圣继绝学"，即继承孔孟的圣贤之道，使之重新显化于世，教化世人。

张载认为，儒家圣人之学，自两汉以下，魏晋南北朝乃至隋唐，日益衰微。千百年间，先秦儒家的学脉几经断续，无论是哲学的智慧还是生命的光辉都是黯淡的。儒家孔孟的圣人之道已经在这千百年的跌宕中埋没，乃至于学绝道丧。天下千百年竟没有一个堪为天下师表的人才，"圣心难用浅心求"，圣贤之道千百年伏而不显，圣学的发掘与传承不是一日之功。

儒学的道统传承

张载认为，在孟子以后千百年来还未曾出现一个真正的继承孔孟绝学的读书人，他否定了韩愈在儒学道统中的地位。在张载《经学理窟·义理》中言明："此道自孟子后千有余岁，今日复有知者。"直到张载自己，天下才有了一个真正继承孔孟道统的人，而韩愈的《原道》阐发的"道统说"只是儒家绝学的微末，即使韩愈有为传道万死不辞的决心，也不是自孟子以来的"知者"。

韩愈所主张宣扬的只是以仁义为脉络的儒家道德伦理学说。而继承往圣绝学，应把握绝学的天道核心之礼，张载提倡的是以"四书"为形式，以"性与天道"为内容，囊括天地万物乃至宇宙的道理。儒学是深层次的，有其表征也有其独特深奥的内涵。儒学的表征我们可以通过礼法的文字材料学习，而儒学的道，即圣人的理念心法是无法通过文章学习的。这就是圣人之学与圣人之心的区别。要想继绝学，就必须双管齐下，明"圣学"，修"圣心"。

张载认为儒学本身拥有一个"心传系统"来传承圣心，而这个圣心说直接影响了朱熹，从而针对儒学道统提出十六字心传。然而张载自认为孔孟道统的继承人也遭到了二程以及朱熹的否认，张载为往圣继绝学，自诩为孔孟继承人，以此为圣贤的起点，而程颐在《明道先生墓表》中说周公之后圣人之道不行，孟子之后圣人之学不传，在历经一千四百年后，程颢才得不传之学。朱熹在《孟子集注》中也肯定了二程的道统继承地位。张载虽不被二程以及朱熹所承认，但是在后来朱熹学生的著作里却被与周敦颐、二程以及朱熹并列，肯定了他继承儒家圣学道统的地位。

继圣学"道一而已"

在张载的眼里，儒学一千多年的传承所面临的困境多来自儒学体系内部，众多的读书人遭受佛家与道家思想的冲击，从而在潜移默化中忽视了儒、释、道三家学说的界限。张载曾经在文章中说，有许许多多自称崇尚儒学、以发扬入学为己任的人不是被虚无梦幻的佛学蛊惑，就是迷恋于缥缈无常的道家学说，而且更令人不能接受的是他们自以为是地把佛家道家理论融入儒家他们，舍本逐末，从而在圣学的道路上误入歧途，乃至渐行渐远。

比如经常把儒、道混在一起的扬雄，还有认为儒、释、道是一体的王通。而且张载隐晦地指出苏轼、苏辙、黄庭坚等代表的蜀学整日座谈论道，崇老礼佛，把儒、释、道三家并行，不辨各教是非，不分彼此，都把佛教与道教看作是与儒家一样的与天地至理相通的圣人之道。更强调只有抛下三教之间的门户之见，才能使天下人的思想归一纯粹，更宣称三教合一是周公和孔子的共同遗愿，也正是因此，这些儒家门人与众多的僧道成了知交好友。

张载认为的儒学真理，不是百家杂糅，更不是充满异端邪说，儒家至高的理论，应该是纯粹的，唯一的，不容置疑的。所谓"道一而已"，两家学说之间对错是异常分明的，不能同等看待，更不能混为一谈。"大率能知昼夜则能（知）性命，能知姓名则能知圣人，知鬼神。"张载强调必须去伪存真，从普遍规律的认知再到性与天道的教化，以达到摒除佛老思想的诱导与迷惑，因此又阐发出"穷理"的必为性。

在张载的眼里，儒学的真理是唯一的。佛教推崇的教义隐晦而不着边际，"其言流循失守"，难以捉摸，"穷大则淫"，在宇宙万物的认知与探索中荒诞离奇。从大方面看来，儒学与佛学在根本上就是毫不相同的，两者的世界观、为学的宗旨以及教化的目的相去甚远。张载杂采《中庸》《周易》对《论语·为政》中孔子自述"吾十有五而志于学，三十而立，四十而不惑，五十而知天命，六十而耳顺，七十而从心所欲不逾矩"，利用理学的观点，作出了新的阐发，从而认为，只要能够明晰孔子"穷理"的历程，就能在潜移默化中继承和保护儒学的道统，保持儒学的纯粹性，摒弃异端杂说的影响与渗透，从而发扬圣人之学。

- 02 -

道不同，谓之异端

在张载看来，异端所包含的范围是极为广泛的。有悖儒学之道，凡是与儒学的思想主张理论宗旨不一样的都可以称为异端。所谓道不同者，不相为谋。张载认为最大的异端，莫过于佛教，其次才是道家。这种视佛教异端如仇雠的特征并不是张载所独有，在其之后的二程等理学家同样是引以为害。

在整个儒家传承中，佛、道两家对其的阻碍是不容忽视的。张载、二程等理学家认为道家之说"其害终小"，而唯有佛学"今则人人谈之，弥漫滔天，其害无涯"。以张载为首的理学家之所以对佛学深恶痛绝，归根结底仍在于佛学的发展极大地束缚了儒学的发展，一定程度上阻碍了儒学的传承。"为往圣继绝学"最大的"拦路虎"就是异端，就是佛学与道家之学。

异端对继圣学的阻碍

论及异端的影响力，仅以佛教与道教在各地的寺院道观的数目对比就可以看出。北宋真宗年间，几经战火摧残之后，散落在各地的佛教寺院仍然有近四万所，全国范围内的僧尼更是超出宋初甚远。而反观道家，全国总共的道观，大概只有一千六百多所，所占比重还不到佛教寺院的二十分之一，论及对社会各界的影响力，远远逊于佛教。

由于佛教的兴盛，特别是隋唐五代以来，一大批文人士大夫崇信佛教，对儒学造成了极大的冲击。另外，看儒学与佛道之间的关系，早在南北朝时，儒学就与道教达成了共识，联合为思想同盟，共同反击佛教。然而隋唐佛教兴盛，统治阶层普遍笃信佛教，儒学与道教的同盟并没有取得有效的成果，反而影响力逐步缩减。

对待异端的应有之态

张载对与佛教的看法是全面而又深刻的，作为往圣的继承者与传播者，他抓住儒学与异端之间的根本不同，以哲学的层面为出发点，从世界观、人生观、价值观、知识论、伦理以及教育等各层各面出发，不限于一砖一瓦，以全面的角度对佛学进行评析论证，旨在撼动宗教世界观。这种做法，极大地超越了前人。可以说，张载是从哲学上对佛教进行系统、全面的评论的先驱者。

在张载之前，反佛的思想家并不乏其人，然而他们只是批评佛教破坏儒学的伦理道德观念，以千百年不变的儒家仁义礼智老药方去医治佛教这个顽疾，这种思想，反而在一定程度上束缚了人们的思路，也不曾动摇佛教的根本。在之后，唐代刘禹、锡柳宗元虽然批评了佛教的空寂世界观，然而，其影响成果都是非常微小的。

张载立足于世界观的根本，主张"太虚即气"。在他看来，气才是世界万物的原始形态，任何思想主张，包括儒学中的一些观点，只要不是以气论为核心，不符合太虚即气，那便是应该批评的，这些包括了"恍惚梦幻"的佛教世界观、"有生于无"的道家世界观以及儒家的天命论。

在张载以前的儒学家们，只是批评佛教的有神论，而对儒家的天命论情有独钟。而张载并不以派别论亲疏，而只以气论别是非，他从不维护儒家的天命论，而是在儒家这些理论基础上进行改造加工，使其符合气论的宗旨。因此，张载在批评佛教时，总能够保持自身理论的贯穿性，彻底反对佛教有神论，不以外物为转移。

在宋初的时候，曾有著名的大儒孙复言辞激烈地指出儒学家尊崇佛学实在是儒学家们的耻辱，对于一些大家提出的三教合一主张进行了猛烈的抨击，并号召门下弟子"鸣鼓而攻之"，守持圣人之道，专修圣人之经，坚决摒弃佛道两家学说。著名的文学家欧阳修则主张"修王政，明礼仪"，用政治手段，通过道德法律的途径来根除佛教的影响，以便继承和发扬圣人之学。然而事实证明，完全的肯定或否定佛道两家的思想是偏颇的，是不利于儒学自身发展的。

反观张载，他则针对社会发展的实情，清晰地认识到佛教、道教思想已经深深扎根，成为了中国传统文化中不可或缺的一部分，佛、道两家的思想更是宋朝新儒学理论构成的重要来源，因此着重运用"参两"的方法，对既定的事态进行解剖分析，真正做到取舍有道，不全盘否定一味舍去。张载并不追寻前人道路，对佛教、道教鸣鼓而攻之，而是以儒学为主衡量判断佛教、道教学说思想的是非，取其所长。在他眼里，异端同样有可取之处。

因此张载主张发挥心主观能动性，以心为身心的主体，更深层次以及更大范围地认识世界，强调探索认知，而不是一味盲目地包容一切。他以前人王充等人的生死气化学说为根基，加以继承并改造，充分地发展气化说，并以此反对佛教和道教了无根基的奢谈生死。世界上并没有佛、道两家的鬼神之说。子不语怪力乱神，世界上只有人中的圣人，而没有能超越了人的鬼神。他把对佛道等异端之说的批评与当时可笑的迷信风俗结合起来，运用各方论证，以此来清理佛教、道教两家鬼神迷信思想赖以滋生传播的土壤。

– 03 –

佛与道：虚实、有无观

自从佛教，尤其是大乘佛教在中国社会广泛传播，中国的社会统治思想里就逐渐渗透包容进了佛教思想。千百年来，佛教思想终于成为中国社会各个阶层不可分割的一部分。同时，佛教的宗教哲学体系也向中国秦汉以来本土的元气一元论发起了挑战。

大体上，佛教的宗教哲学分为两个体系，一个派系是唯识宗、华严宗为主体，主张心识为本。唯识宗强调万法唯识，而华严宗则强调万法唯心。两者主张的心识理论与儒家的气论在世界本质的认知上是冲突的。而另一派系就是由三论宗、天台宗以及禅宗一系组成的大乘空宗理论，宣扬诸法皆空，认为"诸法如梦幻，本来自空"。

这样来说，世界的本源是"空"而不是"心"，更不是儒家所认定的"气"了。到北宋时期，禅宗的发展异常迅速、天台宗的山家一派则刚刚兴起，活跃在佛教思想界。张载所熟悉的不仅仅有有宗理论的，也有宣传空宗的，因此上他提出"太虚即气"学说，力争与一切佛教一派理论划分开来，使这些虚幻飘忽、理论虚假的一面显露在世俗中无所遁形。

佛教虚实观

张载认为佛教"以心法起灭天地"的说法是不正确的，在他眼里，佛教没有看清世界的本质，违背了世界"气"的统一性以及发展的规律性，佛教说世界的本源是"万法唯识""三界唯心"，这些都是以人的精神主体及其活动来说明世界万物的运行发展以及破灭规律，把心看作万物的本源，这种观点是本末倒置，极其荒谬的。当人的精神主体对客观世界的认知有欠缺，无法解释说明客观世界的运行规律时，就把客观世界说成是虚幻缥缈的假象，这种行为，其实是非常可笑的。

在张载看来，佛教一味夸大主观精神的作用是"万法唯识""三界唯心"错误观点的根源。他以为：首先，佛教过分的推崇人体器官以及它们的功能，认为六根是世界万物所依存的必要条件，这种观点歪曲了客观世界的真相。其次，佛教之说，在常识上就是错误的，佛教把天地万物的作用当作一身的作用，以大为小，更是把自己的意志等同于无边的虚空。不管是以大为小还是以小为大，这些理论都说不通。人生并不是虚幻的，一沙一世界，一叶一人生的认识有悖于现实。

张载曾在《正蒙·太和篇》中提到"一切皆空"思想的有误之处，他认为佛教以"万象为太虚中所见之物"，把宇宙说成是虚化，连同宇宙万物中的各种现象规律等都说成是虚幻缥缈的假象，从而根本上否认世界万物由气构成的真实性，把形体与人性割裂开来，把人与世界的关系分离开。其次，这种思想把虚空与气化之间的联系隔分开来，认为虚空就是没有气为之作用的虚无，把气的这种作用当作人主观所产生的假象，完全不理解"虚空即气"的道理，这是"知体虚空为性，不知本天道为用"的切实体现。

张载曾说："知虚空即气，则有无、隐显、神化、性命通一无二，顾聚散、出入、形不形，能推本所从来，则深于《易》者也。"他强调，气聚散游离或生或灭，都是气的本性，佛教的学说以不包含气的虚空为根本，是一种无用之学，以此理论为基础对本性的认识，是肤浅偏颇的。

道教有无观

张载认为佛教主张的虚无理论在一定意义上是与道教的有无理论相通的，道家自《老子》"天下万物生于有，有生于无"的认知开始有无思想的争论，到了魏晋南北朝，有无之辩达到顶峰，对有无思想的辩论成为思想界的一大热门。

当时的玄学家何晏、王弼强调"有之所始，以无为本"，认为超越空间、时间以及人的认知的"无"是天地万物的基础，是宇宙运行天地变幻的根本，世界以及每一种事物的源头都是"无"。就是在此基础上，张载对于道家的"有生于无""虚能生气"之说也进行了评判，而对道家的评论依然是建立在他的气论说基础之上的。

在张载眼里，实际上就连在道家有无思想的信奉者眼里，有无的概念，具体情况也是模糊不清的，就像是世人都说自然，但却很少人有自然的根源是气的认知。因此，道家的思想家们认为世界分为有无这种行为是不切合实际的，是浅显荒谬的。

张载认为有无应该在事物具有形质或者没有形质的前提下讨论，而不是直接拿有无当作是一切的本源。这种认知总结了中国思想史上的有无之辩，进行了升华，促使了有无思想的成熟。

张载一直在强调"气"的本质作用，佛教、道教的虚实、有无观点为什么有着相似的世界观错误，就是因为他们没有认知到"气"的本性。虚实、有无本身并不是错误的，关键是要有"气"的前提。只有把虚实、有无置身于"气"的聚散本性之内，虚实、有无才是有意义的。

任何一个独立起来的认知，都是肤浅的、偏颇的。"只在外面走，元不曾入道，此释老之类。"张载曾说的这段话就表明他对于释老的评论，是只发现了问题，却没有解决问题，只能徘徊在门外，徒望真理之门而不入。

- 04 -

形与神：神而明之，存乎其人

形与神的论辩，在中国宗教史、思想史上由来已久且争论颇多。关于形神的说法，不同教别、学说之间的差异是非常大的。儒家、道家、佛教三教关于形神各自有一套不同的体系。

就佛教来说，发源于印度的原始佛教认为一切现象都是虚幻的，不是具体的、物象化的。是不能看见又不能触碰的假象，不仅没有实体，更没有灵魂。这样一来，形神都不是真正意义上存在的。印度原始佛教的这种说法就与他们所强调的"因果报应""轮回转生"相矛盾。

因为"因果报应""轮回转生"说可成立的前提是必须肯定灵魂的存在。在佛教传入中国后，这种灵魂不灭的说法便与中国古老相传的鬼神之说融合在一起，形成了佛教最重要的理论之一，即"神不灭"理论。

形存神灭形神永存

形神是宗教界共有的问题，道家的形神观与佛教有相似之处，同样也有道家独特的一面。与佛教的形无神存主张相比，道家主张形神两不灭。而正由于这种对于形神的不同认知，导致了佛道两家在生死观上的差异。佛教认为生是虚幻，世间种种不过是梦幻一场，认为生命的终点是死，这种必然性是难以逃避的，主张"无生"。而道家认为人的肉体灵魂都是可以永存的，主张"无死"。

在张载看来，不论是佛教的"无生"理论还是道家的"无死"理论都是错误的，毫无根据的。在形神问题上，张载有着清晰的认知和见解，他根据前人范缜等人的神灭学说，建立了一套严谨全面的神灭理论，就形神的存在问题深入探究，反对道教和佛教刨除人的形体而只谈精神的说法。

对于佛家形神论的批评早在东晋末年的时候就已经开展，在南北朝时候，以范缜为首的一大批文人严肃地批评佛教的形神论，形成了批佛的高潮。范缜曾在其作品《神灭论》中提到："形存则神存，形谢则神灭"，用形象生动的比喻来说明形体与精神的依托关系，精神并不是能够独立存在的，精神力量不是无所不能的超现实力量。

范缜的论断有力地反驳了佛教的神不灭论，使反佛的理论武器有了革命性的进步，反佛的力量也因此而加强。但范缜的理论虽然作出了重要的突破，但他强调的是精神活动的生理依托，并没有关注精神活动的客观内容。就是在这样的理论背景与现实条件下，张载对范缜的理论加以继承与发展，并极大地补充与发挥。

张载依据《周易》说明这个理论，他说："'神而明之，存乎其人'，道至有难明处而能明之，此则在人也。凡有神，亦必待形而后着，不得形，神何以见？"这里是说只有通过人的主动性努力，天地间的道才能被人明了。而只要有神存在，就必定依赖于人体。如果没有了形体，那么神怎么能存在，被看到？

张载从形、神、道三方的关系论证形神论，直白地说明了没有了形体的存在，那么精神就不可能存在，也更不可能去认识世界、改造世界。而且形体并不能够自发地产生出精神活动来，必须依靠外界的刺激，生出相应的"感"。总之来说，人的精神活动能够丰富多样，是由于人感受到客观世界的多样化刺激。

张载的形神观汇聚了多位前人的精华，他依照王充等人的生死气化学说，在生与死的问题上有了更新一步的见解，他继承生死气化理论，并以此学说反对佛教和道教在没有气化论基础上妄谈生死。

他认为佛教所说的"鬼"是根本不存在的。他在《正蒙·乾称篇》中说："浮屠明鬼，谓有识之死受生循环，遂厌苦求免，可谓知鬼乎？"大意是佛教宣扬有鬼说，说是有情识的众生在死亡之后，精神体仍然能够轮回受尽苦难。

另外，张载也指出世界上并没有道家说的形神不灭得道永生的说法，他曾经说："庄生谬妄，又谓有神人焉。"直白地指出庄子荒谬虚妄，异想天开。在张载看来，世界上并没有怪力乱神，没有长生不死与轮回不灭。世界上只有人中的圣人，并且圣人也不是神化的，也是普普通通的人，不能把任何一个人神化。

张载曾提及当时的鬼神之说"不可以理推"，无论从什么意义上，鬼神之说都是荒谬的、可笑的，有的人说鬼能看得见，又有说鬼是眼看不到的，这在逻辑上就是错误的，而且有说鬼与人之间在一定条件下可以转化，鬼可以变成有形体的人，人可以化作无形体的鬼，这在理论上是说不通的，所有的鬼神论都是迷信与无知。

形神与阴阳二气

张载说鬼神实质上是阴阳二气的变换，是气的不同形态，并不是主宰万物的神秘存在。阴阳二气相互转化变幻，往来屈伸，这种变化在天上就称为神，在地上就称作"祇"，在人之间的就叫作"鬼"，它能够使世界万物由生到死再到回归气的本源。这就是所谓的生死轮回。

鬼神迷信存在于历史的各个阶段，张载为了了解始末，他从政治经济、社会状况、地理环境等方面进行深刻地探究，发现社会的政治形态、经济状况对鬼神迷信的影响是巨大的，他统计了历史记载的迷信失误，发现愚昧的迷信作风对人民的生命乃至于社会的稳定都有巨大的负面效果。对此他万分痛恶并且惋惜，也促使了他对佛、道两家形神之说强烈反对，并继承儒家绝学，渴望改变社会现状。

– 05 –

气于人，生而不离，死而不散

一切的哲学问题最终还是要回归到人本身上来，张载强调太虚即气，其中最重要的环节还是气与人之间的关系辨析。张载曾经解释人的魂魄："气于人，生而不离，死而游散者谓魂；聚成形质，虽死而不散者谓魄。"张载把人的魂魄看作"气"在人身上的存在形态，魂魄即指人的精神，儒家同样也强调天人合一，这也是圣人之道的路径，基于此，张载提出了天道与人体的气运行不可或缺的关系。

张载说人的生死是气的聚散，气从无形无质的扩散状态演化为有形的凝聚状态，气从无到有的凝聚就是神，从有到无的扩散就是鬼。"物之初生，气日至而滋息；物生即盈，气日反而游散。至之为神，以其伸也；反之为鬼，以其归也。"万物生荣病枯都是气的聚散，是气回归本始的过程。

他强调天道运行"一于气"，而人作为万物之灵，气化说的核心、气运行转化的最高产物、最终的智慧以及最高的人之追求，就是穷神知化。"德盛者穷神则智不足道，知化则义不足云。"非常明了的，在张载眼里，穷神知化是人生的最高追求，是人的精神所追求的极致，为往圣继绝学的最理想的目标便是儒家大行其道，人人都以圣贤理念行事，穷神知化。

气于人，聚散有道

怎么样才能够达到这个层次？张载强调关键在于立心，"立心求之，则可得而知之"，人生价值的自我实现，还是要归属到人心这个核心上去，要以心感触天道，体会天道，体会天地间阴阳二气的变幻，即体天德位天道，德合阴阳，与天地同流而无不通。张载曾说："穷神知化，乃养盛自致，非思勉之能强，故崇德而外，君子未或致知也。"穷神知化的境界，并不是拥有智慧就能够达到的，圣人绝学更是如此，必须要体天德。为天道，与天为一，天人合一的方法来一体而化。

提到天人合一，必须认知到人与气之间的永恒关系，张载曾批评佛教道教的生死妄谈论，强调和发扬了生死气化说，表明人与天道的关系存在一个共同的关系，那就是气。为了找到人与气之间的共同关系，打通人与天道之间的障碍，张载把人道的出发点，即圣贤之道的途径定在了性与诚上。性在张载的哲学体系中是核心要领，它包含于气中，其理论继承于孔孟之道，深受孟子的影响。"天性在人，正犹水性之在冰。"天性与人的关系，张载比喻为冰与水的关系，在他看来，水与冰虽然不是同一形态，但是在本质上是一样的，类似的，天与人形态虽然不同，但是都有着同样的本性，正是"天良能本吾良能"。

在这基础之上，人的尽性便化作天的尽性，气在人身的变化，便也是天道的变化，而要成就自身，不仅要明了天性，让天性在自身的人性中显化，还要以人性贯穿于万物，打通天人的界限，使天地人物有其本该有的、本应如是的性征表现，做到真正尽性，达到以天德为吾德、以天性为吾性的天人合一的境界。

对于张载来说"神而明之，存乎其人""人之刚柔、缓急、有才与不才，气之偏也。"张载分析人性，从实然的角度出发，系统地阐释了气在人身上的运转。人开始有实质性的形态，首先表现出来的便是同宇宙初生的气化开端一样的性征，所以在他眼里，天道观的开端与人生论的开端具有高度的一致性，欲论人道，必先了解天道，天地万物的本质是气的转化，那么人之道的方向也应该由气的运化来指引。人不能改变的只有生老病死等自然规律，那么就应该"死生有命"，人不应该去臆测天道，而应该顺应天道，顺应规律，要把心放在人身上，不是一味的求长生，论生死。

天人合一：性与诚

张载的天人合一哲学包含性与诚，性的思想来源于孟子，而诚则直接来源于《中庸》。张载自《中庸》中提取了诚的概念，在此基础上形成了"性与天道合一存乎诚"的天人合一说，具体在人身上就是"诚明两进"的人生指向。相比于性的思想来说，诚更接近于人，如果说性是玄之又玄的，那么诚更是具体化的，方向性的。

性与天道合一而存诚，诚在一定意义上化作了道的别称，天道在上，而诚在人，诚即人道，但诚首先应该是天道，进而才是人道。诚的路线是由天而人然后又由人而天的。所谓率性之谓道，诚依据天道的真实无妄而确立人之道，在人身上就表现为仁孝不已、事天诚身，具体来说就是要"立必俱立，知必周知，爱必兼爱，成不独成"。

如果把性与诚统一起来，那么人生最高的指向是成性，所谓"大成性而后圣""大能成性之谓圣"。成性便是张载所强调的人生最高理想追求。然而性无形无质，难以把握，而诚则不然，性与诚的内在关系就决定了诚必然要成为成性的基本前提，如此一来，诚便作为人生价值理念形成，目标追求的前站，与性统一起来便成为人认知与价值塑造的整体，从而在天与人之间构架相通的桥梁，从另一个意义上来讲，诚也是天人统合之道，是人之所以谓圣的要处。

- 06 -

气聚为"神"，气散为"鬼"

中国宗教观念和哲学术语。早在《周礼·春官·大宗伯》中就有记载，古代祭祀之礼，有天神、人鬼之分。战国时代，一些哲学家以"精气"解释灵魂，鬼神在这时也被赋予了新的含义。《管子·业内》说："精气流于天地之间，谓之鬼神。"以人体内的精气离开形体，在天地间流动成为鬼神。《周易·系辞上》说："精气为物，游动为变，是故知鬼神之情状。"

郑玄注谓之：精气谓之神，游魂谓之鬼。以鬼神的精气变化形态来说明人死后，其体魄归于地为鬼，其气发扬为神。《礼记·郊特性》言："鬼神，阴阳也。"又以魂气归天为神，为阳；以体魄归地为鬼，为阴。以阴阳二气之性质及其变化解释鬼神，也同样认为鬼神是可以获福的。晋韩康伯注《周易·系辞》文，吸取了气有归神说，以精气聚而成物为神，聚极则散为鬼，并以"聚散之理"，解释"鬼神之情状"。

张载在《横渠易说》中，又吸取了韩康伯说，称气聚显而成物为神，气散隐而为变为鬼。并且在《正蒙·太和篇》中又说："鬼神者，二气之良能也。"认为阴气主屈为鬼，阳气主伸为神，将鬼神视为气运动变化的两种形式，并说："鬼神之实，不过二端而已。"这里的二端也指代阴阳两气。张载的这一言论不仅否定了鬼神的人格、鬼神的性质，而且扬弃了其灵魂的含义，鬼神也就成了表达气往来屈伸的哲学术语。

气聚显而成物为神

张载曾以《周易》中的"气"论为基点，他说：气即太虚。他认为这世间的一切事物皆由"气"构成，而正是因为有了这个"气"，所以"太虚"才诞生出阴阳，由此这阴阳二气的有规律的运动变化才就造成了这个大千世界。正是这些构成气的太虚，才慢慢演化为人的精气。

人作为万物之灵，自然也是由"气"阴阳相生而成。庄子在《庄子·知北游》中谈论到人的生死时候，也是说："人之生，气之聚也。"这个"气"就是天地之间游动变化着的气，人的气和天地之间的气相连接，源源不断，循环往复，人才得以出现。

张载将《庄子》中的"气"提到了世界本源的高度并加以阐述。动物受之于气，植物受之于气，万物之灵人自然也受之于气。张载在《正蒙·动物篇》中提到："鬼神"，指气的聚散，也就是屈伸。神，以其伸也。也就是气的延伸，凝聚。

所有游离在太虚中的气通过不断聚合，又有规律地变化运动之后慢慢聚合在一起，但这些气有时候会聚成显现出来，而我们现在所谓的世间万物，也就是花花草草，鱼虫鸟兽，乃至于人都是气聚合到了一定地步之后显现出来的事物，我们通过不断地压缩、延伸、凝聚，最终能够以我们现有的这个面目出现在这个世界上，这就是气聚显而成物，只是后来人们更为简括地称为"神"。

气散隐而变为鬼

同理，万事万物有阴即有阳，有正就有反。《正蒙·太和篇》说道：两不立，则一不可见；一不可见，则两之用意。两体者，虚实也，动静也，聚散也，清浊也，其究一而已。

张载用了很大力气去研究"两端"，研究"二"与"一"的关系。太和篇所精选的这段话中，是表明了"一"和"二"的相互联系之间的环节上，全面地论述了这两者的关系。张载认为，没有"两端"，也就没有"相感"，

"其究一面已"。他认为这两者就是一个统一体。

所以，游离在太虚中的"气"有聚合，自然就有离散，这些"气"因为本身无法按照各自的运动规律而无法组合在一起，经过长时间的磨合之后，终将消散而去，但是由于这是世间的本来因素，它们都无法消散，只是相对于那些显现出来的东西来说，它们全都隐退而去了。这个，也就是所谓的气者，隐而屈也。它们不断变化，最终形成了"鬼"。鬼者，以其归也，说的就是气的消散、回归。

阴阳两端、"鬼神"之本质也

所以，张载认为：鬼神，其实也就是"阴阳"二气的本来的性能。这就是说天体运动的"屈伸"无穷无尽，以及"气"的无穷变化之道，或聚或散，都是"阴阳两端"事物在不同领域的不同表现，它们都没有超出事物本来的相互作用的范围。"物无孤立之理，非同异、屈伸、终始以发明之，则虽物非物也；事有始卒乃成，非同异、有无相感，则不见其成，不见其成，则虽物非物。"

事物都有"两端"构成，如果事物没有"同异"，那就没有区别；没有区别的话，也就没有"屈伸"，没有了发展，没有了"终始"，也就没有了变化，没有"有无"，更谈不上变化。这样，事物也就不成为事物了。所以，张载得出了结论说，大自然中的事物虽有千千万万种，但是归根结底，它们都有一个共同点，那就是"无无阴阳者，以是知天地变化，二端而已。"此亦乃"鬼神"之本质也。

－ 07 －

"穷理"：万物皆有理

"穷理"，顾名思义，就是穷尽世间一切事物的道理，是认识世界的一种说法。"穷理"原本是属于儒家做学问所需的认知伦理学范围，早在《易·说卦》中就提到："穷理尽兴以至于命。"大概意思就是穷尽万物的道理，究尽生灵之性，以用来预知命的长短与吉凶。虽然穷理归属于儒学认识论的范畴，但是在宋朝之前，儒家对于穷理的阐述却是极少的，反而是佛教在宗教等的形势下，大肆宣扬"穷理"。

在提倡穷理的佛教诸多派系中，尤以华严宗和禅宗为首，提出的论点最多。华严宗的澄观大师曾在《华严玄谈》中说："剖裂玄微，昭廓心境，穷理尽性，彻果该因，汪洋冲融，广大悉备者，其唯大方广佛华严经焉？"澄观大师依据自身的理解，把穷理尽兴作为《华严经》的一项重要内容来看，与因果报应学说等同起来，都作为是佛家子弟探究佛法，提取佛法的惊奇玄妙，昭明佛心广阔无边的方法。

而在禅宗的从谂禅师眼里，"穷理"的本质就是穷究佛在心里、不在心外的道理。穷理就是让所有人都知道，不管什么金佛、木佛、泥佛都不是真正的佛，唯有自己才是真佛，佛就在自己心里的道理。而这种穷理的方法，就是静坐，排除一切杂念，反省内心，深入内心，以求精纯佛理。总体来说，澄观和从谂关于穷理的阐释，并没有涉及心以外的具体事物，只是局限于本心。

穷万物之理

在张载看来，以澄观和从谂等为主的佛学家们并不明白什么是真正的"穷理"。他曾经说："万物皆有理，若不知穷理，如梦过一生。释氏便不穷理，皆以为见病所致。庄生尽能明理，反至穷极亦以为梦，故称孔子与颜渊语曰：'吾与而皆梦也'，盖不知易之穷理也。"张载认为穷理的基础与前提是"万物皆有理"，而在理与物的辩证关系上，理必定是依存于物的，如果脱离了客观的物的存在，那么穷理就将是不存在的一个命题。在此理论基础上，他把这个辩证关系作为批评佛道两教穷理之说的重要手段。

佛教把理与万物分割开来，不从万物上穷理，这是错把万物当作人的感官幻觉。而道家的庄子虽然在天地万物的自然之理上作出了很多启发性的成就，但是在最终的结论上，庄子认为这些探讨的结果都像是梦一般虚幻、不真实，而且在《庄子·大宗师》中庄子假借孔子宣扬自身的梦境主张更是值得批判的。在张载眼里，佛教与道家在"穷理"这个问题上错误地认识了理与万物的真正关系，从而处于一种虚幻不实的状态。

张载把这种虚幻不实的状态表现大体分为了几个方面：首先是对于真理的认识处于表层，仅限于感性的"闻知"阶段，而没有深入进去理性地认知与判定。其次是佛教徒只知道师徒间传道授业，仅仅局限于传诵祖师言辞，而不知道去探求世界万物的本源道理，简单地以为开坛讲法的就是圣人，所讲的法就是万古不易的真理，这种轻浮的治学态度，是不可能把握住世界万物以及社会历史的发展规律的。因此，张载提倡研究义理一定要深入进去，把握到万物的本质与根源，不能犯了佛教徒"只闻知便为了"的错误。

尽天人之性

张载认为的另一个不可取的一面是远远没有涉及万物的本性。佛教徒根本不能够穷究世界万物的理，却号称懂得所谓的"性"，没有把握住天地万物的运行规律，却妄自谈论"尽性"。在张载眼里，只有儒学家们穷究万物之理来认识万物之性，所以才能一言一行恪守中庸之道，不违天理。佛教徒则是只懂得用"无""静"的观点看待世界万物，却不能够把有无、动静之间有机地联系起来，不能"兼而不偏举也"。

张载称佛教徒与道教徒的这种偏举叫作"成心"，这种"成心不忘"正是佛教与道教不能够穷理尽性的根源所在。即佛教与道教以自我为中心，认为自己的教义就是天下大道，就是至理，是万物循环转化的规律。也因为这种自我的态度，使得道家与佛教相互封闭起来，隔绝了与外物的沟通，阻碍了自身理论的发展与成长，因此上就丧失了认识万物之理、穷究万物之性的能力，自然也不能够顺应万物之本性不违背了。

针对佛道等理论体系"偏举"的这种现象，真正克服"成心"，张载提出了一种方法，这种方法他称之为"化"。他说，气分为阴阳两种，阴阳二气循环不止，运行不息，顺应时势，推行有常就是化，人的化与物质世界的化是同步进行的，物质的化是具体的，表现为阴阳二气的运行转变，而人的化是抽象的，是人的智慧义理要发展要进化，而且人的化势必是要与物的化相互促进的，人的化反应物质世界的化，顺应物质世界的化的时势前进，做到天人合一，至诚至性。

张载强调，只有以这种儒家圣人的精神境界作为标准，才能够彻底清除佛教与道教在穷理尽性上的一系列谬误，使得不论是佛家或是道家信徒都能够正本清源，做到真正意义上的开化世人，不论是在德行上还是在治学上都能够舍恶趋善。

第五课

社会理想

为万世开太平

张载的社会理想在冯友兰先生称其为"横渠四句"的思想精华中有明确概括，即"为万世开太平"。所以张载一改自汉唐以来儒家学者一向执着的典籍章句训释和玄空清谈之风，带着"为天地立心，为生民立命，为往圣继绝学，为万世开太平"的历史责任感，从当下北宋社会的现实问题入手，努力探索根本的解决之道。倡导"学贵有用""经世致用""笃行践履"的思想，反对空知不行，学而不用。张载在《横渠易说》里说："圣人苟不用思虑忧患以经世，则何用圣人？"圣人之学就是为排除国家民族之忧患而立，圣人如果不以民生为忧患，经世以除患。那么，这种圣人也是没有用的。正是张载的这种务实的社会理想，使得他被东亚实学学者尊为实学发端的代表人物。

- 01 -

复"井田"制而均贫富

　　早在汉代，就有人提出了"太平"的思想，其含义有二：一则为社会安定和谐，如《汉书·王莽传上》所云"九族亲睦，百姓既章，万国和协，黎民时雍，圣瑞毕臻，太平已治"描述的就是社会安定和谐的情景；二则为人民财富平均，《太平经》有云："太者，大也""平者，言其治太平均，凡事悉理，无复奸私也"。所以，"太平"一词实则描绘的是老百姓对于社会安定和谐、人人财富平均的一种社会理想的愿景。

　　时至北宋中期，宋王朝就是一台破旧不堪又还在勉强运转的行政"机器"，当时推行"不抑兼并"的政策，均田制遭到严重破坏，土地兼并的情况越来越严重，而百姓之间的财富不均现象也引发了许多政治问题。加之当时地处边陲的辽、西夏等少数民族政权对宋王朝虎视眈眈，一度让宋王朝陷入内忧外患之中。正是在这样的社会大背景下，一代大儒张载才拟构出了社会大同的"太平"蓝图。

贫富均衡思想下的"井田"制

　　在张载的政治见解中首要考虑的问题就是"井田"和"均平"，在他看来，要想让社会安定和谐，当务之急就是要解决老百姓穿衣吃饭的问题，如此才能安定人心。在《横渠易说》中，张载在《易传》的基础上发挥，说："家道之始，始诸饮食烹饪，故曰'风自火出'。"在张载的政治思想中，"食"

是"家"的基础，而在封建社会家国本就是一体的，在家国同构观念的影响下"家"自然是"国"的基础。所以张载还提出"家不富，志不宁"，所以如果不实现家富，则百姓无法安居乐业，无法接受教化，人心亦无法安定，久而久之必将动摇统治基础。为了安定人心，从根本上解决人与人之间贫富不均衡的问题，张载提出了"井田"法。

孟子在《孟子·滕文公》中说："仁政必自经界始。"就是主张恢复商代时推行的"井田"制。在这一点上，张载的观点与孟子一脉相承，他认为所谓"井田"乃是"悦之者众"，能够使大多数人都从中获益；而其他的举措都不过是权宜之计。

《经学理窟·周礼》中主张土地国有原则，先将土地收归国有，然后再分配给农民，具体方法是"今以天下之土棋画分布，人受一方，养民之本也。后世不制其产，止使其力，又反以天子之贵专制，公自公，民自民，不相为计。"说的就是，在周代时，土地是国家所有，所谓"井田"就是国家将土地划分为许许多多个"井"字形的方块，横三格，纵三格，总计九百亩耕地。这九百亩耕地中心的一百亩是公田，周围的八百亩耕地则分配给八家农户，平均每户一百亩田，这就是"私田"。这八户农家除了耕种分配给自己的"私田"之外，还要一起合力耕种"井"字中间的那块公田。"私田"的收入由耕种它的农户所有，而八户合力耕种的公田的收入则属于国家。孟子将这种劳役地租称为"助法"。

张载在《周礼》的田制基础上对"井田"制进行了改进。张载主张取消《周礼》中的公田而实行征税，也就是用更为进步的实物地租来取代劳役地租，这是张载在前代基础上对"井田"制进行的一个变通。此外，平均土地的关键问题在于如何对待地主及如何处理地主所拥有的土地。对此，张载主张采用较为缓和的办法来解决：首先将土地收为国有，然后对失去土地的地主进行两种补偿的办法，作为过渡性措施：一则，根据地主被没收土地的多寡，授以他们不同等级的田官，并且能掌管一定数量的农民；二则，按照田官级别的高低，授给他们不同数量的田地，这些田地仍然称为"公田"，又名"职田"，是与田官级别高低相对应的"俸禄田"。如此一来，只要拥有一定的政治职务，就一定会拥有与职务相对应的土地，这些土地地税的十分之一归田官所有。如此，虽然这些昔日的地主们再也不能通过土地收取到高额的地租，但是仍旧能够收取十分之一的地税，这笔收入同样非常可观。可以说，张载的"井田"制度是在"均平"思想上提出来的，既能够让失去土地的地主和缓过渡，又不会丧失所有利益而引发社会动乱。

"井田"制，无法推行的书生理想

在张载看来，要想成功推行"井田"制，这场影响深远的社会经济改革必须自上而下推行，改革对象中首当其冲的就是皇帝、宰相以及达官显贵们。他向皇帝谏言，希望皇帝能够向孟子学习，以一颗"仁心"来推行"仁政"，通过任用富有才学和胆识的宰相，在众臣的帮助下逐步在全国将"井田"制恢复和推行开来。

在当时的年代，张载已经具备了身体力行的实践思想，他自己花钱在乡下买了一块地，试着在那儿推行"井田"制。张载曾说过："使人既喻此意，人亦自从，虽少不愿，然悦者众而不悦者寡矣，又安能每每恤人情如此。"在他看来，建立在财富均衡思想上的"井田"制度追求的是人人都有土地，能实现土地的均平，这是张载的一种社会理想和追求，也是符合绝大多数人利益的。所以即使这一制度的推行会侵犯到少数人的利益，甚至遭到反对，他也要坚定地推行，而不会因为其中牵扯到诸多"人情"关系，而轻易动摇自己的决心。

孟子曾在《孟子·尽心下》中说过："民为贵，社稷次之，君为轻"，体现的是一种以民为本的思想。而张载推行"井田"制的核心观念就是对孟子这种民本思想的推崇和进一步发展。

不可否认，张载建立于"均贫富"思想上的"井田"制度勾画出了一幅和谐安定的社会图景，然而在封建社会中这种自上而下的社会经济改革似乎从一开始就注定了要以失败告终。一方面，"井田"制度的推行要依赖于上至皇帝、宰相，下至达官显贵等诸多权贵，然而这一制度又将从根本上损害封建权贵和地主阶级的若干既得利益。

另一方面，碍于时代和所处环境之局限性，"井田"制度虽然美好，却根本无法强有力地触动封建政权和封建土地所有制的根基。原因在于：其一，虽然地主在名义上将土地归还国有，但实际上他们成为田官，仍拥有相当数量上的"公田"，并且享有政治和经济上的特权，无须参与劳动，而可以直接获得地税；其二，虽然农民在名义上获得了土地，实际上他们仍然没有土地的所有权，而成为了田官的雇佣，丧失了人身自由，遭受经济剥削，无偿地为田官从事农业生产劳动。从这些方面来看，"井田"制度也许就像后世朱熹所评价的，不过是无法实行的书生理想。

－ 02 －
治理社会宗旨："利民"与"足民"

中国统治者历来便有敬畏人民的执政传统，早在上古时期统治者就意识到人民群众是国家稳固的根本，《尚书·夏书·五子之歌》载："皇祖有训，民可近，不可下，民惟邦本，本固邦宁。"所以在周朝时期，周人充分认识到为了保护王权，只有敬重人民，于是提出"敬德保民"的政策。而《孟子·尽心下》中曰："民为贵，社稷次之，君为轻"这种民贵君轻的思想更是受到统治者的推崇。

时至宋朝，人民之重要性依旧是统治者最为关注的问题。而张载就此提出了"利民"与"足民"两个治理社会的宗旨。

为政需"利民"

历史唯物主义观点认为人民群众是历史的创造者。人类的一切文明皆由人民所创造发展的。《荀子·君道》曾说："有社稷者而不能爱民，不能利民，而求民之亲爱己，不可得也。"水能载舟亦能覆舟，帝王的权利是由人民赋予，如果不能做到权为民所用、情为民所系、利为民所谋，必然会遭到人民的反抗，乃至颠覆王朝。所以要有"利民"的思想。

张载曰："利于民则可谓利，利于身，利于国皆非利也"他认为宋朝之所以有社会失调的现象，便是因为为政者没有真正提出利于人民的政策，不能使人民的欲望得到真正的满足。张载用一个例子来解释"利民"的重要性，他说："子之不欲，虽赏之不窃，欲生于不足则民盗，能使无欲则民不为盗。假设以子不欲之物赏子。使窃其所欲。子必不窃。"

这番论证不能仅仅从一方面来理解，张载所倡导的不是使人民"寡欲"或者是"无欲"，而旨在劝告社会管理者要注重人民，使人民有利，告诫社会管理者"使民无所不足，不见可欲"，张载虽不倡导"寡欲"，但也不希望人民"多欲"，在社会交往过程中，他曾经就批判后人"多欲"，就此他就明确提出要"寡欲"。所以张载真正倡导的是要使人民的利益得到满足，但也要降低人民的欲望标准，从而在社会的管理者和人民欲望上有一个汇合点，一个既符合"礼"，又符合"理"的接触点，从这一点出发，调适社会问题以及社会冲突。

复"井田"制以"足民"

张载始终认为要"足民"就必须要实行井田制，但张载的井田制不同于古时，他给井田制赋予了新的内容。即我们现在所说的"井田方案"，而井田方案的提出最为重要的一点就是为了"足民"。井田制的内容大致可以分为两个方面：一方面将土地分给没有土地的农民，使他们能够自给自足，同时也把农民束缚在土地上，保护社会的安定；另一方面还保持了地主的既得利益，地主拥有土地证，但却没有使用权，要把土地租给农民，收取十分之一的土地税。

井田制在"足民"上体现了它的优越性，但现实永远是残酷的。曾有史料记载："井田至易行，但朝廷出一令，可以不管一人而定。虽少不愿，然悦者众而不悦者寡矣"张载把井田制的推行看得过于简单了。作为"足民"的一个根本方法"井田制"，张载也对"井田制"进行了实验，但最终还是无疾而终。

张载所倡导建立的公平、合理的"利民""足民"社会，是一场关于社会重新分配的革新运动，既可以解决宋朝时期养兵积弱的问题，也可以解决一系列有土地兼并、贫富差距引起的社会矛盾，但是这个实为"乌托邦"的理想，虽注定是失败的，但这其中蕴含的"利民"和"足民"思想依旧是值得肯定的。

— 03 —

和谐社会图景：尊高年、慈孤弱、纯乎孝者

张载是北宋时期著名的思想学家，其哲学思想博大精深。他提出的"天人一气，万物同体""为天地立心，为生民立命，为往圣继绝学，为万世开太平""民胞物与"等学说基础上建立了一个庞大的思想体系，对后世的影响极为深远，而他的"民胞物与"从人道主义的角度，涉及社会发展和稳定的和谐平等的内容。

张载在《西铭》一文中说："乾称父，坤称母，予兹藐焉，乃混然中处。故天地之塞，吾其体；天地之帅，吾其性。民吾同胞，物吾与也。大君者，吾父母宗子；其大臣，宗子之家相也。尊高年，所以长其长，慈孤弱，所以幼吾幼。圣其合德，贤其秀也。凡天下疲癃、残疾、茕独、鳏寡，皆吾兄弟之颠连而无告者也。于时保之，子之翼也；乐且不忧，纯乎孝者也。"

"民吾同胞"的和谐社会图景

张载在《西铭》中为我们描绘了一幅美好的和谐社会图景：在天地万物之间，你我皆是同生于世的共同人，皆为我的同胞兄弟，万物平等，皆为天地之子。尊敬年老长辈等同于敬重天地的长辈，疼爱孤儿幼子就是慈爱天地的孩子。凡鳏寡孤独者，也如我的同胞兄弟，给予同情与抚慰。如此可见，张载的和谐社会理想是一个"尊高年、慈孤弱、纯乎孝者"的和谐社会。

在张载幻想的美好社会中，我们可以看出：第一，张载传承了儒家思想中不重视社会经济生活，而是从社会关系的方面着想设计理想社会。第二，张载认为人的身体人性都是天地之间的产物，人类赖以生存的空间万物都是平等的兄弟关系。第三，社会是扩大化的家庭，国政如同家政。君臣、臣民之间的关系都应该是家庭中友爱的兄弟关系。只是在后天的培养下，才形成了等级区分，但究其本质还是天地的儿子，互相之间还是同胞的关系。第四，提倡"民吾同胞"，家庭之间的关系就必然完全适应于社会。因而社会就形成了"尊高年，所以长其长，慈孤弱，所以幼吾幼"的和谐人际关系。

张载认为只有这样的和谐理想社会，才是符合"天礼""天理"以及"天秩"的要求的。张载关于和谐社会的理想确实有许多人道主义的博爱精神，但是最重要的是他不但把普通的老百姓列为亲兄弟的范围，还有那些社会弱势群体（疲癃残疾、惸独鳏寡）都视为自己的亲兄弟，向他们给予关爱和援助，帮助他们脱离困难，以自己微薄之力给予他们保护和安全，使他们老有所依。

"尊高年，慈孤幼"

张载的平等思想对于我们现在的社会仍然具有很大的意义。他提出国君并不是"天子"，而是普通老百姓一样的父母所生的孩子，朝廷的大臣是普通百姓的管家。这对于一个封建专制统治的宋朝是难以想象的，这是对等级制度发出的严重挑战。

那么在这样的一个社会中，每个人都是这个家庭的一份子，都应该为这个家庭献上自己的一份力，人人都平等，人人都有义务，应该平等对待，友善相处。具体问题具体分析，对于这样的社会，最应该做到的就是要"尊高年"，要像尊敬我的长辈那样对待比我年长的人；"慈孤幼"，要像慈爱我的晚辈那样关爱幼小的孩子，如同对待自己的孩子一般。

这样的"大同一家"表示出张载的崇高的人道主义精神，在等级森严的宋朝无疑是一个巨大的冲击。

作为人，应信守伦常孝道

张载在《西铭》中所构建的和谐社会理想，是传统的宗法观念、孝道意识、普遍平等思想三者的有机结合，在观念上突破了等级尊卑。而"孝道"是张载特别重视的一个伦理概念。

"参天地，赞化育"构建一个美好的理想社会是代代中国人共同的心愿，在"鼓万物而不与圣人同忧"的基础上，张载深化为"纯乎孝者也"的概念。也就是说，每个人都必须珍爱自己的身体发肤，向天地的父母表达自己的尊敬之意，能够随遇而安，尊重生命的种种安排，在这过程中没有悲伤，这就是表达孝心的最好方式。同时张载强调，这样表达孝心的范围不仅仅局限于亲人，而是要泛爱众而及人，又要推广到社会的方方面面，这是一个长久而复杂的工程，需要世代人民的努力。

我们可以从这里看出张载思想的升华过程，他不是一个追求功名利禄的人，而是从把宗族观念上升为道德境界，把宗族的血缘融入到博爱之中，发酵出一种朴实的平等观念，从而缔造出一个"尊高年、慈孤弱、纯乎孝者"的理想和谐社会。在张载的心目中，希望达到只有"尊高年""慈孤弱""纯乎孝者"的平等世界，而没有统治者的尊卑等级，可以说张载的理论达到了中国古代关于理想和谐社会的最高境界。

－ 04 －

《西铭》本旨：事天如事亲

张载曾将《西铭》的一部分摘录于学堂双牖的右侧，当时提名为《订顽》。作为宋朝理学的大家——"二程"都对其称赞不已，程颢赞叹道："《订顽》一篇，意极完备，乃仁之体也。学者其体此意，令有诸己，其地位已高。"这样的评价足以证明《订顽》的言论，是当时学者所学最高的标准，是程颢所道的"极纯无杂"。

同时张载又是理学的奠基人，即使有韩愈的《原道》开启道学的先河，但宋儒却多有不服，而张载之理论多较为日臻成熟，所以被程颐冠上《原道》之宗祖"，正是将张载称为承上启下的关键人物，对其的尊崇之意可见一斑。

《西铭》之所以被众人如此推崇，正是因为它的核心"事天如事亲"，即使《西铭》上段皆言天地人的关系，下段皆道事奉父母的众多典故，但其全文的目的旨在说明的核心只有一样，那就是"事天如事亲"。那么，什么是"事天如事亲"？学者对此进行了多番的讨论研究，认为《西铭》一文是由天而人，教导人敬畏天，以此来事天的本旨所在，从而证明了张载作为理学之大宗的人生理想。

事亲为之事天

《西铭》的后半段向我们列举了大量关于孝道的事例，耳熟能详的有大禹赡养父母、舜孝顺恶父亲、颖考叔劝诚郑庄公善待母亲之类的故事，看似在教导人要有孝道，实质是以事亲而事天。晚明的虞淳熙将《西铭》定位为"明事亲、事天之孝，此《孝经》之正传，即天明地察语也。"由此可以窥探出，自晚明始，儒家从《西铭》中大规模地提炼出孝道思想并以此成为一种风气，在这里不可以混淆孝的对象，"孝"的对象是"天"，"人"只是作为"天"的载体，《西铭》的实质其实是以事亲的表象，来向天尽孝。

这些大量的引经据典的目的，我们可以从宋代的儒家学者对《西铭》的解释分析中找到回答，比如，真德秀的《礼记集说》中写道："先儒张氏作《西铭》，即事亲以明事天之道。"还有《张子全书》中论道："(《西铭》)此篇论乾坤一大父母，人物皆己之兄弟一辈，而人当尽事亲之道以事天地。"可见，《西铭》所例关于孝道的故事，并不是为了教导人们要有孝道，而是为了申明事天的宗旨，说明事奉父母的道理其实就是在阐明事奉上天的道理，所以父母是用来比喻上天或者乾坤的，而事人的目的只不过是为了就近取譬，给予读者一个鲜明的直观形象，不至于读者一头雾水。

除了《西铭》一书，张载还在多篇著作中体现了事亲的目的是为了事天，如《诚明》篇中："仁人孝子所以事天诚身，不过不已于仁孝而已。"还有《横渠易说》中的"圣人则事天爱民，不恤其他，诞先登于岸"，从这儿可以看出"事天"已经是仁人孝子所必须具备的一种德行，仁、孝的云泽是达到最终目的的内在手段。

所以"事天"的观点是《西铭》的核心观念，即一切现实中的孝亲的最终目的都是指向事天。

孝子如何事天

古人云："不愧屋漏为无忝，存心养性为匪懈"。"屋漏"原指是西南隅的天窗，后用来借指神明，故俯仰无愧于神明，即无愧于上天或者乾坤天地，皆言"事天"之说。君子何故谓之君子，在于常怀敬畏之心，敬畏上天，然后实践于自身，成为自己，不辜负上天给予的生命。

张载以为在"不愧屋漏"之下，便是大禹、舜、颍考叔以及申生的故事。这些人有抛弃私欲为侍奉父母的大禹和颍考叔，也有宁愿自己受到虐待也要侍奉父母的舜，同时也有甘愿为父母死去的申生。他们的所作所为虽有不同，但都是尽孝之典范。张载在《西铭》中大量列举他们的例子。

张载夸赞颍考叔能够推己及人的事亲，在春秋时期，郑伯的母亲偏爱弟弟，欲夺其位，后弟弟反叛失败而逃，郑伯与自己的母亲断绝情谊，以"不及黄泉勿相见"为誓。在事后却深感后悔，但是君子一言，驷马难追。就在郑伯左右为难的时候颍考叔给郑伯出了主意，使郑伯母子二人和好如初。左丘明在《左传》中引用《诗》来称赞颍考叔这样的人"孝子不匮，永锡尔类"，意思是说，只有像颍考叔这样的人，才可以真正当得上这样的赞誉。

"故育英才如颍考叔之及庄公，则所以永锡尔类者广矣。"张载应用颍考叔的典故，目的在于说明何为事天者该做之事，他们用来事奉父母的方式就是用来侍奉上天的方式，只要你按照他们的所作所为就可以真正侍奉上天了。

总结一句来说，这里所说的侍奉父母，应该理解为，以侍奉父母的敬畏和方式去侍奉上天、敬畏上天。而用朱熹对《西铭》本旨的概况来说就是："《西铭》本是说事天，不是说孝。盖事亲有正不正，若天道纯熟则无正不正之处，只是推此心以奉若之耳。"用现代的话来讲，张载就是用事亲来比喻事天的道理，实际上事亲和事天是一个道理的。

– 05 –

适当分权：以天下分之于人，则事无不治

张载是北宋关学的创始人，被称为"北宋五子"之一。他主张实行"封建制"，即以分封制来分割君主和中央政府的权利，相对的，加大地方政府及其官员的权力，以达到"分得简而治之精"的美好目的，从而实现"为万世开太平"的崇高理想目标。但是在张载生活的年代，北宋加强中央集权的弊端慢慢显现，集中军权、集中行政权和集中财权三个方面的弊端，日益腐蚀北宋日渐腐朽的制度。

为了防止集权制度带来的不利影响，张载提出"以天下分之于人，则事无不治"的分权思想，他的分权思想主要体现在把中央的权力分出一部分给地方政府，由地方政府独立施行政法，改善了宋朝由于集权制带来行政效率极为低下的缺点，提高了行政效率。

废郡县，置分封

张载作为一名官员，他恒以天下为念，常常问民所苦，他常常说："行道见饥殍，辄咨嗟，对案不食者终日。"张载认为造成这样现象的根本原因是因为实施了郡县制，在秦汉时期创立的郡县制不仅没有使秦变得强大，而是日积弊端，他直截了当地提出："秦弊于今未息肩，高萧从此法相沿。"由此可见，张载对于郡县制持有一种否定的态度。

在宋朝，统治者实行了郡县制，导致矛盾不断升级，而这些矛盾的主

要原因，张载认为是因为郡县制导致的。他认为郡县制导致了君主和中央政府的权力过于集中，觉得所有事物均由中央朝廷来一一处理，似有不妥。所以张载提出了他的观点："天下之事分得简，则治之精；不简则不精。故圣人必以天下分之于人，则事无不治者。"想要事情变得简、而治精，就必须要实行"封建"制度。

自秦汉以来，众多的王公大臣只看到分封制的弊端和郡县制的优点，所以就一直采用郡县制。但张载所看到的宋代，恰恰是因为实行郡县制而导致的种种弊端，他认为分封制虽然有短处，但更有长处，否则夏商周三代怎么会一直实行分封制度，而且还都处于盛世。所以张载写道："慨然有意三代之治"并且对统治者指出："天子建国，诸侯建宗，亦天理也。"

当神宗召见张载的时候，向他讨教治道的时候，张载"皆以复三代为对"。他强调"为政不法三代者终苟道也。且为天下者，奚为纷纷必亲天下之事？今便封建，不肖者复逐之，有何害？岂有以天下之势不能正一百里之国，使诸侯得以交结以乱天下？"

张载倡导分封制的原因在于希望通过中央朝廷分权于地方，通过维护地方和个人的权益来调动地方和个人的积极性，从而提高行政效率，使国家和社会的利益得到保证。

传承与发展的"分权制度"

张载的分权思想历久不衰，明末清初的思想学家顾炎武在张载原有的分权思想上加以深化，一针见血地指出"封建之失，其专在下。郡县之失，其专在上"他还应用人们畜养牛、马来比喻高度集权制的危害，他在书中说："夫养民者，如人家之畜五牲：司马、牛者一人，司刍豆者复一人，又使纪纲之仆监之，升斗之计必闻之于其主人，而马、牛之瘠也日甚……故天下之患，一圉人之足办，而为是纷纷者也。不信其圉人，而用其监仆，甚至并监仆又不信焉，而主人之耳目乱矣。于是爱牛、马之心，常不胜其吝刍粟之计，而畜产耗矣。故马以一圉人而肥，民以一令而乐。"

　　顾炎武与张载一样，为了消除集权带来的弊端，他提倡"寓封建之意于郡县之中"，这种制度的具体做法与张载一致，但是要比张载更具体，但是二者的宗旨都是为了加强地方政府的权力，削减中央的集权，从而调动地方的积极性，大大提高行政的效率。

　　无论是张载的分权思想还是顾炎武的"寓封建之意于郡县之中"，他们的思想其实是一致的，都希望用一种有效的政治体制来兼顾个人、地方和国家之间的权益，一个不能达到"天下共治"目的的制度，是一个不完善的制度。所以只有适当地分权于地方，才能减少对地方政府的掣肘，保证地方拥有足够的兵、政、财权，才能使地方政府真正发挥自己的职能，分担中央和帝王的政治压力，共同维护地方的繁荣稳定，实现国家的长治久安。

— 06 —

巩固边防，计民以守

张载的青年时代，国家正遭受辽、西夏等少数民族入侵宋朝之时，是一个矛盾非常突出的年代。他目睹了军政积弊，边防危机。战争的烽火极大地刺激了张载的爱国之心，他立下要捍卫祖国边疆的宏图伟志。

当时的宋朝是由中央直接制约地方，过度集权使地方政府软弱无能、边防无力，军事将领无法上达天听，下传指令，束手束脚，难以有效率地指挥军队。因此，张载认为应该适当调整中央和地方的关系，在当地的平民中组织兵队，"计民以守"的伟大构想就这样根深蒂固在他的脑海里，以此建立一个小型而相对自主的地方政府，对外可以保家卫国，对内可以安定国家政权，可谓是一举二得。

关心边防事务

张载少年时期对于兵法有极大的兴趣，他曾拜邻人焦寅学习兵法之道。为帮助朝廷夺得被西夏占领的甘肃临洮一带，他组织民团以此希望收复失地。及二十一岁，张载向主持西北军务的范仲淹上书，他写了《边议九条》，请求对西夏用兵，并且自告奋勇要组织人员去攻取被西夏占领的洮西之地，希望建功立业，保家卫国。范仲淹赏识他的才华，劝张载学习《中庸》，不许研究军事，认为他是"深造成为大儒的人才。"张载采纳范仲淹的意见，从事讲学、哲学和社会问题的研究，但他仍旧对边防事务十分关心。

因民、固守、戌省成教

张载也曾到边防军队任过职，他的《边议九条》里提出礼巩固边防的具体措施，其中最重要的思想是"因民、固守、戌省成教，义勇习战以省兵"。就是在城镇里组织平民和农民，建立义勇兵，用来解决地方兵源不足的矛盾。而他的"计民以守"是针对朝廷具体情况提出的，当时朝廷反对"惟恐兵多为患""资守于民"，朝廷担心出钱让民众自发守护边防，会导致百姓难以管理，严重的话会造反。他向朝廷委婉地提出"以攘患保民为己任"。

张载在《边议》中写出了大量他对军事的看法，他要求朝廷"选史行边"，来实现他的军事改革和抗敌的主张。他觉得作为一名边防长官就必须做到：一是对普通民众进行爱国教育，提高他们自身的抗敌意识；二是要按不同的形式把民众组织起来，按照"保甲法"编辑入簿，并把青壮年按照"什佰"的部队进行编制，组建义勇兵团。

张载在军事方面一直是以实际出发，他认为对西夏的战争必须要有战略和战术，因地制宜地实行全面皆兵。在《与蔡帅论边事划一》和《兵将法》中，他提到"种世衡驻守环州，僧道饮酒犯禁，能射则置之，百姓轻系者，能射则纵之。"他觉得与其处罚他们的身体，还不如让他们去参军。同时他还向朝廷建议精减从各地征调的戌守兵员，这样既减少了军费开支，又巩固了边防。

他的另一重要思想就是"计民以守"，他指出："计民以守，必先相视城池大小，夫家众寡，为里难易，为地缓急，周围步尺，莫不尽知，然后括以保法，萃以什佰，形以图绘，稽以文籍，便其居处，正其分位，平时使之知所守，识所向，习登降，时缮完成贼，至则援甲付兵，人个谨备，老幼供饷。"还提到了："令关内诸城，诚能因民固守以省兵戌，教义勇习战以省兵。"张载这是一种以持久战的眼光，要求朝廷要加强守城意识和对边防城池的民众进行军事理论教育，组织义勇兵，并进行一系列的演习。

　　张载的《边议九条》"兵将法"和《与蔡帅论边事划一》是抗击西夏侵略的主要战略措施，是张载根据兵法和实践经验对当时的北宋的社会矛盾与民族矛盾提出的。由此可见，张载不仅仅在思想、哲学上有一定造诣，在军事、政治上也具有卓越的才能。

三代之制：井田、封建、肉刑

宋朝初年，统治者实行集权之治，导致政局积弊横生，社会危机四伏，民不聊生。面对这样的现状，"以天下为己任"的士大夫纷纷挺身而出，以求治理之法，还天下一个太平盛世。当时，在众多救国方案中，尤以"托古改制"的风气极为盛行。张载便是其中一个代表人物，他借古代的封建之制为蓝本，以肉刑为保障，推行井田之制，希冀社会成为一个大同世界。但是由于张载的治世思想与统治者的治国理念背道而驰，与当时朝廷的现实存在历史差距，故而多次遭到阻碍，最终流于言说。

张载的井田试验

在中国封建社会的历史中，贫富两极分化和土地兼并一直是引起社会动乱和社会主要矛盾的根本原因。作为中国封建王朝之一的宋朝，当然也逃不过这样的矛盾，张载处于宋朝时期，由于年少早孤，对那些失去土地的贫苦农民的悲惨生活有着切身的体会。所以张载在青年时期，为了改善民间疾苦，缓解社会矛盾，他便非常积极学习。范仲淹是张载青年时期的人生导师，而王安石是张载作为崇文院校书时的当朝宰相，二人因理念不合曾经在朝堂上有所争执。与二人颇有渊源的张载，受到范仲淹和王安石的深刻影响。

范仲淹提出的庆历新政和王安石的变法皆是为了缓解民间疾苦，强根固本的有效国策。他们均效法三代圣人之制度，恢复井田制，以平均土地为号召。张载也效仿二人，对他们的变法进行拥护支持，其中特别是对土地改革制度尤为重视。

在宋神宗熙宁三年（1070 年），张载辞官回到太白山脚下的横渠镇。虽然他已经归隐山林，离开朝廷，但他依旧没有放弃自己的政治主张和改革理想，他在开设学堂教授弟子的同时，还在旁边买了数百亩田地，开始恢复"井田制"的试验。

他按照《周礼》的模式把田地划分为由九块地组成的"井田"。中间为公田，其余八块为私田，并把私田分给那些无地或者少地的农民耕种。同时组织民众兴修水利，改善种植的条件。张载在水利方面的成就也是相当高的，四渠合一灌田近千亩，人称"井田渠"，并在民间广为流传，赞为"八水验井田"。

张载的试验井田，是为了证明井田制在今天的社会依旧具有可行性，在社会改革主张中仍具有有效性。虽然他的政治主张和社会改革方案并没有被统治者和朝廷采用，但他没有气馁，在他所在的乡间进行井田制的应用。但是，令人扼腕的是，张载的"井田试验"还未取得成果，他就于1077 年与世长辞。

井田卒归于封建乃定

张载在推行井田制的同时，认为必须要有一定的政治制度来保障，而这个制度为"封建"。"井田卒归于封建乃定"，经济基础决定上层建筑，井田制与封建制作为经济与政治框架是不能分离的。

"井田而不封建，犹能养而不能教，封建而不井田，犹能教而不能养；封建井田而不肉刑，犹能教养而不能使。然此未可遽行之。"自秦汉开始，郡县制和分封制一直是统治者和朝廷在中央集权制下的争论点。宋朝初期，统治者采取高度集中的中央集权制，将军、财权归于中央，但却严重削弱地方。

张载由此认为，一直由中央政府管理一切事务，必定会造成中央和地方的矛盾，所以提出"天下之事，分得简则治之精，不简则不精，故圣人必以天下分之于人，则事无不治者。"以封建之制度来把地方分权，纠正"不简不精"的缺点。张载要求调整中央和地方的关系，中央下放权力，使地方政府履行一定的职责和义务的基础上享有必要的权力，从而提高行政效率。"且为天下者，奚为纷纷必亲天下之事？今便封建，不肖者复遂之，有何害？岂有以天下之势不能正一百里之国，使诸侯得以交结以乱天下！自非朝廷大不能治，安得如此？而后世乃谓秦不封建为得策，此不知圣人之意也。"张载的"封建"即一种分权的政策，是一种将封建承载在郡县的改革措施。

仁义的体现：肉刑

张载同时也重视礼乐教化，认为刑律的功效是不可否认的，同时认为刑法也是有其缺点的："圣人则知所以止之之道，不尚威刑，而修政教。使之有农桑之业，知廉耻之道，'虽赏之不窃'矣。"刑律只能约束人的外在行为，却不能启发人内心中的真善美。

张载的井田——封建——肉刑的复古主张，认为适当地使用肉刑有补充教养的作用。"井田而不封建，犹能养而不能教；封建而不井田，犹能教而不能养；封建井田而不肉刑，犹能教养而不能使。然此术可遽行之。"张载主张肉刑并不代表是一个严苛的刑法，而是一种减少死刑，用肉刑加以代替的减免之法，本是死罪者，若改为肉刑，就可以免其死罪。

张载继承了《周易》中"小惩而大戒，小人之福"认为"肉辟于今世死刑中取之，亦足宽民之死"。惩罚是刑法的手段，拯救才是刑法的真正目的。肉刑比死刑要轻得多，但是人们如果能够从中吸取教训，引发内心的感恩之心这也是一种仁义的体现。

张载认为"井田""封建"和"肉刑"三者都不可少。虽然张载的思想没有被统治者采用，但是他提出的种种思想，在今天的社会仍然具有很大的影响性。

- 08 -

进化社会史观："通其变"中不断发展

张载作为关学的创始人，在其思想理论中，关学的社会史观是值得我们注意的，它具有鲜明的学术思想特征。它是以"天人一气"的人性论为立论点的，是一种"形而上"的依据，同时还以"一物两体"的互补辩证方法为理论思维。总而言之，是一种以渐进式改良，在稳中寻求变的历史发展观点。

张载为了调和现实社会的矛盾，指出要强化宗法制度，以"民胞物与"的"仁"天下与"民"天下作为自身的人生理想，以此为价值归宿，并形成一套完整的理论形态，凸显出关学务实以致用的实学精神。

反对"顿革之"，主张"渐化之"

张载在社会改革上是一位积极分子，但是在改革的措施和方向上，却与当朝宰相王安石有所出入。王安石是"顿革之"的急进式的变革方案，而张载却是主张"渐化之"的变革主张，张载当时是极力反对王安石的改革方案，因为他认为，宇宙的一切事物是不断运动发展的，只有一点一点地变化，才能达到"日新"，再而有"日日新"的现象。

在《横渠易说·既济》中，张载提出人们只有"通其变然后可久，故止则乱也。"通俗地讲，宇宙中的万事万物只有通过发展变化，才能永久地存在，必须"通其变""变其势"。为了让人更好地理解张载的主张，他用尧舜的事例来告诉大家，"渐化式"改革的有利之处，他道："洪荒之世，食足而用未备，尧舜而下，通其变而教之也。神而化之，使民不知所以然，运之无形以通其变，不顿革之，欲民宜之也。……凡变法须是通，通其变使民不倦，岂有圣人变法而不通也？"

根据宇宙中的发展变化，改革除去弊端的理论体系，张载主张"渐化式"的改革，他反对王安石的"顿革之"急进式的变革主张，也反对司马光的"不革之"的不变论，他执二者之间的平衡点，既不要求变革速度过快，也不倡导不变革，所以他认为与人为善的"渐化之"的变革才是正确的。

渐变执中的历史发展观

张载在政治上主张的变革方案，其实是从他形而上学的哲学层面中提炼出来的。他提出了"一物两体"的互补式的辩证法思想，将其作为宇宙万物有运动变化的总体公式。"一物两体气也。一故神，两故化，此天之所以参也。"与"两不立，则一不可见，一不可见，则两之用息。两体者，虚实也，动静也，聚散者，清浊也。其究一而已。"在这其中的"两"其实是指事物之间既有联系的一面也有对立的一面，"一"就是共存在一个共同的个体之中。而事物处于不断运动中，它的变化方式有"渐"和"著"两种。"变，言其著化，言其渐""变则化，由粗入精；化而裁之谓之变，以著显微也。"在哲学中，"渐"就是量变的积累，"著"即是质变。"渐"是"著"的基础，"著"是"渐"的最终目的。所以张载的观点是一种渐进式的互补辩证法，是他典型的历史发展观。

"通其变然后而久，故止则乱也。"由此可见，《周易》所提倡的变通思想对张载的社会历史发展观有着深刻的影响，司马迁的"通古今之变"精神也可以在张载身上有迹可循。他认为社会的历史是不断向前发展变化的，历史的主体是"变其势""通其变"，《横渠易说·系辞下》写道："变能通之则尽利，……指之使趋时尽利，顺性命之理，臻三极之遭也。(人)能从之，则不陷于凶悔矣，所谓'变动以利育'者也。"说明"变"是社会历史发展的必然趋势，他论证了人由野蛮愚昧发展到今天的文章明事的进化历史，说明了人是能够顺应历史发展的，而"通变立法"是文明的进步。

　　张载的"通其变"中的不断发展，其实是要求人们寻求人与自然、人与社会、人与人之间的一种中和一致，不偏不倚地稳定发展。通变是在稳定中寻求变革，一变求和，最终解决社会矛盾，稳定国家的大一统秩序。在对立统一中，应用互补的和谐文化精神，张载的历史辩证法虽然不是矛盾的辩证法，而是一种形而上学的互补辩证法，但对于那个年代来讲，已经是难能可贵了。

– 09 –

人为之礼与自然之礼

　　宋代是理学发展的重要时期，张载通过对礼的阐释，希望重建社会秩序。他认为礼本天之自然，礼的存在是有其合理性和永恒性的，并且以"躬行礼教"作为自身践行礼的行事处世的原则，希望百姓能通过在日常生活中恢复传统的礼仪制度，以此来改变宋朝社会轻礼薄仪的陋习。

　　《宋史·张载传》评价他"尊礼贵德"，张载以《周礼》为体对礼进行阐释，并以此为根据描绘出一幅有关于治世的理想图景，强调内外兼修礼的践行方式，劝诫人们分清礼合内外的本质，并把以礼为教的实践作为教学理念，体现出"为天下开太平"的儒者情怀。

"礼本天之自然"

　　唐末五代的战乱，使国家礼崩乐坏，国家的礼制大大受到破坏。当宋朝统一时，统治者就格外渴望重建社会的礼乐秩序。所以对礼进行理论的构建，成为儒学大家的共识。张载当然也不例外，张载继承了《礼记·礼运》中"夫礼，先王以承天之道，以治人之情"的观点，指出了"礼本于天"，把礼的起源归结于天。他提出"大虚（太虚）即礼之大一（太一）也。大者，大之一也，极之谓也。礼非出于人，虽无人，礼固自然而有，何假于人？今天之生万物，其尊卑小大自有礼之象，人顺之而已，此所以为礼。或者专以礼出于人，而不知礼本天之自然。"

　　在张载的思想体系中，礼并不是由外在约定俗成的规范，而是对天道自然的正确反映，是不依赖于人的意识存在的客观真理，是对天地自然秩序的体现，是一种模仿和遵从。他认为天地万物是有一定的次序和规则的，而礼就是对其的彰显和取法。张载还把礼与宇宙的秩序和天的本性联系在一起，以礼来作为依据，提升礼的地位，将礼的天然合理性完整地体现出来。

　　张载提出礼既然是天地自然的秩序，人就必须意识到礼并不是条条框框约束的法则，而是来源于本身的天性，而对礼的执守就是顺应自然的表现，知礼守礼才可以展现完美的人性。

　　张载解释礼是自然的体现，又存在于人的天性之下，论证了礼的永恒性和合理性，劝诫人们在实践过程中要有自觉性，为北宋时期礼制的建立做出了理论上的支撑。

"《周礼》为体"

　　张载对于礼的追寻，其实把注意力都集中在代表三代文明和教化的周礼上，并且对周礼进行深化改革，形成了自己的一套理论体系。司马光评价他"窃惟子厚平生用心，欲率今世之人，复三代之礼者也，汉魏以下盖不足法"。

　　张载对于《周礼》持有极大的赞同和肯定。他认为《周礼》是古代圣人理想的政治制度，内容完备，是不可以随意修改的传世之作，突出了《周礼》作为经典的神圣地位。他主张要从整体上把握周礼的精神实质，并且参照《周礼》的设计，提出了实行"井田"和"封建"的政治主张，并且加以试验，以望成为治国之良策。

　　虽然这两个政策都没有受到统治者的采纳，但是从礼的角度来看，这是一项有利于现实政治的建设，推崇《周礼》，并且以此为依据描绘出一幅盛世的理想图景。"慨然有意三代之治"，张载在寻求礼的方面作出了积极的贡献。

"合内外之道"的礼之践行原则

礼是人内在的礼仪和外在仪节的统一，二者相结合就形成我们所说的礼。张载认为没有外在的仪礼，人的情感和素养就无法通过礼来传达，同时，如果人缺少了内在的礼意，就是一个空壳子，必然会成为一个"是仪非礼"的陷阱。张载认为在践行礼的过程中要"合内外之道"，使内在的礼意和外在的仪礼相一致，做到"内外兼修"的理想境界。

张载从三个方面论证了"合内外之道"的方法。首先，张载从天人合一的角度出发，认为礼不应该有尊卑大小之分；其次，张载从体用合一的方面，强调仪礼制度要和内在精神相契合；最后，张载还从内在的礼意出发，解释了礼的外在和内在应该是一致的。

所以张载认为通过外在仪礼表达出来的道德内容才是礼的真正思想，并且提醒人们不要局限在礼的形式上，更应该在意的应该是礼本身所具有的诚意。

第六课 / 教育观

穷人伦之理，尽无私之心

"穷人伦之理，尽无私之心"是张载贯彻奉行的教育观。张载认为，教书育人的最终目的不仅仅是令人掌握知识，更重要的是使人的气质修养得到改变而成为一名圣贤。所以教育必须要注重道济天下，利济众生，教导晚生成为一个对天下、对黎民百姓有用的人。张载尤其强调"学贵有用""经世致用""笃行践履"，反对学而不用、坐而论道，关学学风的最大优点和突出特点也在此。张载认为，圣人之学就是为排除国家民族的忧患而立的，如果一个圣人不以国家人民的利益为忧患，那么圣人也是没有用处的。

- 01 -

"见闻之知"求知的第一阶段

张载把客观事物作为知识的基本来源，他深刻地指出，客观事物有表象和性理两个层次，因此人们求知的过程也是要经历从表象到性理两个阶段，对事物表象的知识是通过感觉器官得到的，他称之为"见闻之知"。

张载认为，"见闻之知"是求知的第一个阶段，对于知识的整体来说是绝对不可缺少的。他说："闻见不足以尽物，然又须要他。耳目不得则是木石。要他便合得内外之道，若不闻不见又何验？""盈天地之间者，法象而已；文理之察，非离不相睹也。"

这里张载概括了"见闻之知"的三个优点：第一，能够直接"见物"，从而为"尽物"提供素材；第二，能够起到沟通内外（心物）的桥梁作用；第三，能够依靠直接经验去辨别事物的形态和变化。所以张载是很重视见闻之知的，如果摒弃它，人必将如同"木石"一样。这是他对孔子"多闻""多见"思想的补充。

"见闻之知"的来源

为了排斥佛学虚空梦幻的主观理论，张载强调，外在的客观现象事物以及内在的人类心灵，这主客两观都具有独立存在的真实性，因而，人之所以有知识，是由于他的感官和外物接触之合。他说："天之明莫大于目，故有目接之，不知其几万里之高也；天之声莫大于雷霆，故有耳属之，莫知其几万里之远也；天之洁莫大于太虚，故必知阔之，莫究其极也。"

就是说，外在的世界有形色有声音，人却有目能视、有耳能听，并在宇宙中有广大的太虚，但是每个人对于这个充满着无穷无尽事物的自然界，不断在变化中的太虚，毕竟从所见所闻得来的知识，是很有限的。他又说，"今盈天地之间着皆物也，如只据己之见，所接几何，安能尽天下之物？"这个关于人在见闻之识的有限，虽是一种普通常识的看法，可是在知识论上却蕴含着一个重要的问题，即内在的人心和外在的现象世界这两种实体的关系为何？

张载对于上面的两个问题，可以引他所说的一段重要的话："由象识心，循象丧心，知象者心，存象之心，亦象而已，谓之心可乎？"意思是，象是外界物的形象，因由于人的感官与外在某种事物的形象接触之后，心有了认知的印象，因由于人的感官和观念，比如说，看见孩童将陷入井的现象，所给的印象和观念是一种危险的现象，并使人发生恻隐之心。这就是张载所谓由象识心的用意。但据张载的了解，若人的心灵只偏执于外界形象事物，而只成为外界事物的仓库而已，那么人的心灵便等于形象了吧，心灵的真正意义便丧失了。由此可见，张载并不认同人初生下来的心灵状态是空白，知识是由于接触外在世界的事物得来的，而是主张人的心灵是自助的认识者。

"见"、"闻"在学习中的重要性

张载的心学也是根据他的宇宙论学说为基础的，就是说客观现象界，在原来的状态是虚空的，心学是佛教的思想核心，在中国哲学史上，佛教尤其是禅宗这个学派，占有重要地位。禅宗继承释迦牟尼的所谓"以心传心"，并着重"心空"这一概念。

人心和宇宙的关心，可分为四种：第一，所见所闻不是人，只是外界的事物而已；第二，所闻所见，不是外界的事物，而只是人而已；第三，所闻所见，既不是人又不是外界的事物，这虽是进一步不偏执于人和境，而改有意念的含义；第四，超越以上三种，而达到无念的最上层境界，能够明见心性，领悟成佛了。

张载对于心灵在原来状态为虚空的观点可能是受了禅宗的心空学说的影响。但是在此基础上，张载又继承了中国传统思想中的观点，认为人心是主动的认知者，能够从接触和接受外界事物而产生印象和观念，这就是所谓见闻之知。

但是他也会赏识庄子和禅宗所着重的超越知识的"坐忘"和"无念"境界，同时与禅宗有两个不同的重点：第一，张载重复强调，客观宇宙是存在着，并且是人心的起源；第二，张载同样强调，在宇宙间及人类社会，有一个永恒的普遍规律，即"天地之性"，人具有良知，并有道德义务去追求与天地同参。

张载说："寤，形开而志交诸外也；梦，形闭而气专乎内也。寤所以知新于耳目，梦所以缘旧而习心。"这句话的要义，即人可以从耳目所见获得新的知识。但对于气在人的五脏所发生的变化作用，张载对其却不易了解。总而言之，张载对于自然现象从观察所得的结果，虽然缺乏科学的根据，可是在所见之知的探索精神上却有一种创新性和启发性的贡献。

从上面所讨论的来看，虽然张载着重见闻之知的重要性，然而他的知之论却并不是一种经验主义学说，因为所谓经验主义，是以人的感官经验为认知的唯一来源，就是说，人的知识不能与他的感官所接触的事物分开而得来。

张载再三强调，客观世界不是像佛教主张的梦幻的，而是不可置疑的存在着的，并从人的耳目所见所闻可以证明这个在千变万化的广大宇宙的实在性。但是，人的见闻之知归根结底不仅仅是很有限，而且人在这个现象世界所认知的更加重要的，是为追求人类最高的目标。张载是早期儒学思想的继承者之一，认为见闻的目的不是为知识本身，而是伦理道德。

– 02 –

“德性之知”：“穷理”与“尽性”

张载在提出“见闻之知”是求知的第一阶段的观点后，意识到它的不足，但是在论证见闻之知的局限性时，他强调目的在于使见闻之知深化和升华，而不是否定它，排斥它。对此，他反复说：“闻见之善者谓之学则可，谓之道则不可。”“本立则不为闻见所转，其闻其见，须透彻所从来，乃不眩惑。”

“德性之知”的真正含义

究竟什么是“德性之知”？有的学者根据“德性之知不萌于见闻”这句话，认为“德性之知”是一种先验的知识，这种看法是不全面的。

张载认为，“德性之知”是关于穷理和尽性方面的知识，穷理与尽性的内容是有区别的，他说：“诚明所知，乃天德良知，非见闻小知而已。”“天德良知”“诚明所知”“德性之知”都是同一意义的范畴。“诚明”出自《中庸》：“自诚明谓之性，自诚明谓之教，诚则明矣，明则诚矣。”意思是说，有一种人生来就具有“诚”的道德本性，因而能够明白无误地按照既定的道德准则去做，而另一种人则需要通过教育，才能由明而诚。但无论如何由诚而明，由明而诚，其结果都是一样的。

张载虽然引用了《中庸》的话，但主要是从知识论上予以解释的。他认为无论是“自诚明”或者“自明诚”讲的都是“德性之知”，都包括“尽性以至于穷理”，就是追寻事物的条理（规律）的知识，因为没有离开事物而独立存在的理，"理不在人皆在物"；所以他反复强调见物多，才能穷理多。由见物向穷理过渡的中间环节就是学习，学习就是穷理。成人是学，幼儿是学，胎儿亦是学，教亦是学，学与教后穷理。很显然，有关事物之理的知识是后天得来的。

什么是"尽性"？

关于"尽性"方面的知识，张载根据《中庸》把"尽性"区分为"尽人之性"与"尽物之性"。他认为"穷理亦当有渐，见物多，穷理多，如此可尽物之性。"这是说，尽物之性是通过穷理的途径得到的。认识了事物的条理，也就认识了事物的本性，这也是后天得来的知识，而"尽人之性"则不同，它既必须通过穷理的途径，又必须通过改变气质等内省体验的方法来实现，因此这方面的知识是多元的。这就表明，"德性之知"是在同人的道德修养相结合时才能具有某些先验的性质。

那么如何理解"德性所知不萌于见闻"？据王夫之的解释，"萌者，所从生之始也"，意思是说，"德性之知"不是从耳目等感觉器官直接产生的，他举例说，人在黑暗中清楚地知道自己的口鼻所在，"不待镜面悉"，这就是人凭借思维对过去感觉的印记而具有的能动作用。王夫之的话有助于理解张载"德性之知"的主要含义，当然，其中也不排除某些先验的因素。

"上智"与"下愚"

张载以其"见闻之知"和"德性之知"的理论，对孔子所说"唯上智与下愚不移"进行了改造。他认为："上智下愚不移，充其德性则为上智，安于见闻则为下愚，不移者，安于所执而不移也。"这里所说的"德性"与"见闻"是相对的，因而是指"德性之知"。意思是说，能够掌握"德性之知"的人就是"上智"；安于"见闻之知"的人就是"上智"，安于"见闻之知"的人就是"下愚"，因为"下愚"在知识上不求上进，所以叫作"不移"。

换句话说，如果"下愚"在知识上不求上进，所以叫作"不移"。换句话说，如果"下愚"能够从"见闻之知"上升到"德性之知"，他们也就成为"上智"了。因此，"上智"与"下愚"之间的界限不是绝对的。

这里张载的观点与孔子的看法有显著的区别。在他看来，文王、武王、周公、孔子之所以能够成为古代的伟人，就在于他们能够把"见闻之知"与"德性之知"统一起来，而一般人安于"见闻"的习惯堵塞了他们走上圣贤的道路，这样就把"上智"和"下愚"的界限固定下来了，所以他说："上智下愚，习与性相远既甚而不可变者也。"是做"上智"还是做"下愚"，关键在对知识的态度，"聚天下众人之善者是圣人也"，这就把圣人由神转变为"智者"，这是张载对"四书学"的一个贡献。

- 03 -

"有知"与"无知"：有若无，实若虚

张载认为，求知是一个永无止境的过程，他对孔子从十五岁到七十岁的"学行，习察"，不断向未知领域奋进为榜样自勉和激励学人，告诫在知识问题上来不得半点虚假和骄傲。他说："学者恶其自足，足则不复进。""人之好强者，以其所知者少，所知多则不自强满。'学然后知不足''有若无，实若虚'，此颜子之所以进也。"

这里把自满自足看作是求学过程中的大忌，并以"有若无，实若虚"的那种"大智大愚"的态度，阐释了有知与无知的辩证关系："不知为不知，是知也；若以不知为知，则所知亦不知也。"

有不知则有知

"有不知则有知，无不知则无知，是以鄙夫有问，仲尼竭两段而空空，《易》无思与为，受命乃如响。"这里所引的两段话，在《正蒙·中正篇》中也有复述。这可以说是张载从早年到晚年一以贯之的思想。意思是说，一个人认识到自己有不知道的事物和道理，就表明他有知识；那种认为自己没有什么事物和道理不知道的人，正好说明他没有知识。因此，有人请教孔子，孔子不因自己有知识而怠慢对方，而是尽量地把问题说清楚，诚恳地指出解决办法。

如果像孔子那样以"有知"为"无知"，就能把《周易》之类的儒学经

典活学活用，成为得心应手的工具，犹如声发响随那样自然而合拍。这是他对《论语·子罕》中"子曰：吾有知乎载，无知也"的精辟解释。

有知须行实事

张载也曾说："不知不识，顺帝之则，有思虑知识，则丧其天矣。君子所性，与天地同流异行而已焉。"就是说，认识人的天地之性必须依靠内省体验的工夫，不必借助"思虑知识"。这里再次表明，当张载的认识论同伦理观相结合时，就暴露出其思想体系中存在的某些主观和先验的观点。

张载根据《论语·子路》关于"学嫁"中"吾不如老农""学为圃""吾不如老圃"的思想，非常重视实践在知识中的地位和作用，他说："欲问耕，则君子不如农夫；问织，则君子不如妇人，问夷狄，不如问夷人；问财利，不如问商贾，但临时已所问学者，举一隅必数隅反。"

这是说，一切有实践经验的人，都是各自领域内的专家，求知者应当向他们学习，所得的知识应该到实践中去判断是非真伪。所以他认为践行与事实高于认识与知识。他说："知之而不信而行之，愈于不知矣。""人之事在行，不行则无诚，不诚则无物，故须行实事。"

在张载看来，不能或者不去实行的知识就不是真知，由此，他对《中庸》所说的"不诚无物"作了改造，认为事业上的成功，不能仅仅依靠内心的道德修养，而必须"行实事"，只有"行"才能把知识与实事结合起来，验证知识的可靠性与实用性。张载的看法已经接近了实践是检验真理标准的思想。

大抵众向是真理

张载还朦胧地意识到实践与众人观点的某些一致性。实践都是实践者的实践，在一般情况下，多数实践者在其特定的知识领域内是最有发言权的。他说："民虽至愚无知，唯于私己然后昏而不明，至于事不相干碍则自是公明。大抵众所向者必是理也。"

这是说，最缺乏文化知识的老百姓，除了在个别情况以外，他们的意见都是光明磊落，公正无偏的。所以"大抵众所向者必是理也"，真理往往掌握在群众手里。为此，他提倡尊重众人的"共见共闻"的优劣，他说："独见独闻，虽小异，怪也，出于疾与妄也；共见共闻，虽大异，诚也，出阴阳之正也。"

这是说，个人的耳闻目见，容易产生错觉，出现认识上的偏差，即使是自然界的微小变化，也会感到奇怪而不知所措，众人的共见共闻，则是真实可靠的。他们把自然界发生的巨大变化，看作是阴阳二气互相感应的正常现象。张载的这些见解，包含有否定以圣人的是非为是非的积极因素。

– 04 –

教育目的观："立人之性""求为贤人""学为圣人"

张载认为所谓教育的目的归咎到根本仍与人性相关，在其人性二元论的基础上，张载进一步指出教育的作用就在于"变化气质"，使"气质之性"回归到"天地之性"，从而构建起他三个维度的教育目的观，即"立人之性""求为贤人""学为圣人"。

在张载看来，大千世界之中世人各有不同，其秉气自然也不同，所以接受教育的目的就是要"立人之性"，人生而为人，正是因为教化的作用才让人摆脱了动物性而成为人。就像张载说的："学者当须立人之性。仁者，人也，当辩其人之所谓人，学者学所以为人。"教育的第一重目标就是要让人具有人性，与动物有所区别。

张载所主张的教育的第二重目标是"求为贤人"，这是建立在"立人之性"基础之上的。作为求学之人，就应该身怀穷理尽物的思想，努力做到格物致知。

张载主张的接受教育的终极目标则是"学为圣人"，先前提到的"立人之性"和"求为贤人"则是通往教育终极目标的必经之路。先学，而后成为圣人，这不仅是张载在个人追求道路上为自己设定的最高标准，同时也是他在不断地教育实践中所奉行的最高教育准则。正如《宋史·张载传》中所记载的："与诸生讲学，每告以知礼成性变化气质之道，学必如圣人而后已。"

教育的基本目的："立人之性"

在张载的教育观中，他将人分成了世人和儒门两大类，其中儒门自然是经过了教育教化的有学之士，分别为学者、贤人（君子）和圣人三个阶段。其中经过教化而达到"立人之性"的阶段则可以成为学者。

所谓学者，即"所学为人"。学者首先要学习儒家关于伦理道德的相关学说，并且身体力行，努力按照学说去做人做事。张载看来，人并不是独立的个体，人既有物质性，又有社会性。

从物质性而言，人有着与天地万物相同的共性；从社会性而言，人与天地之间的其他物质有着本质上的区别，因为人一旦具有了社会性，也就是具有了人性，这是人区别于动物的关键所在。正是基于此，张载才提出了"学者当须立人之性"的观点。

首先，受过儒家学说的教化和熏陶的学者在人性层面上与世人是有所不同的。没有经过教化和学习的世人之性从本质上来说是天然的，是"气质之性"；而经过了教化和学习的学者之性则应该脱离了气质，而成为"德性"。所以，学习儒家经典，是让人们体悟人性，从中培养熏陶自己的德行和操守，就像张载再三强调的，"学者且须观礼，盖礼者滋养人德性。"身而为人，只有时时遵循礼法，才能用礼法来滋养自己的德行，有了德行才能立于天地之间。

其次，张载认为学者是经过了专门的教化和学习的，其知识构成自然应该与世人有所区别。世人所获得的知识主要是"见闻之知"，也就是说通过自己对周遭事物的所见所闻来增长见识，加强学识。而学者的知识应该是通过修习经典而得来的，也就是所谓的"德性所知"。

最后，正因为世人和学者在知识获得的途径和知识构成上截然不同，也导致了二者在具体的行为实践上也不相同。世人，也就是普通的黎民百姓的行为实践是"日用而不知"，也就是说即使在日常生活当中有何行为举止也不会努力去与自己通过见闻所获得的知识联系上。而学者在日常实践当中遵循的则是"勉行"，也就是说日常生活中的一言一行都应当尊崇礼法和教化，在实践当中将所学到的学识践行。

这就是教育学习的好处所在。通过教育和学习，学者可以除去"气质之性"当中"恶"的成分，而摆脱生而为人、未经教化时原始、自然的懵懂状态。

教育的二级目标："求为贤人"

张载有云："克己行法为贤。"这是教育目的中更为高级的层次，也就是通过教化成为能够克己行法的贤人、知书达理的君子。贤人也好，君子也好，他们有良好的德行，能够克制自我，遵照封建礼法，按照社会所崇尚的那样去为人处世。

首先，贤人或是君子从其人性层面上来说，讲究的也是德性，但这一德性与学者阶段所强调的德性有所区别。学者的德性当中是"有我"的，是理性化的；而贤人、君子所强调的德性则已经达到了"忘我"或者是"无我"的境界。从"有我"到"无我"，体现的是一种超然的境界，这也是从学者到贤人的一大转折点。

其次，在求知方面，学者的学识讲究的是"德性所知"，到了贤人、君子的阶段，学识讲究的则是"穷理尽物"。

最后，在具体的行为实践方面，学者强调的是"勉行"，而贤人、君子则是"力行"，即"先后天而不违，顺至理以推行，知无不合也"。

教育的终极目的："学为圣人"

张载曾经说过："学必如圣人而后已，以为知人而不知天，求为贤人而不求为圣人，此秦汉以来学者之大蔽也。"说的是自秦汉以来，世人追求的是成为贤人，而非成为圣人，张载提出"学为圣人"的主张也是为了扭转这一盛行的社会风气。

在张载看来，圣人之所以为圣人，一则在于其能"知人"，也就是说能克服掉天生的"气质之性"当中恶的部分，回归到自然本性当中的善；二则在于其能"知天"，也就是说能够发挥先天的"德性"。

首先，在知识方面，贤人有所桎梏于"德性所知"，也就是说通过理性认识来获得知识；而圣人的知识则浑然天成，是"天德良知"。

其次，在知识和道德的实践方面，圣人讲究的是"安行"，也就是"无意为善，性之也，由之也"。在实践方面哪怕作出任何善举，也并非圣人有意为之，皆是发乎其本性，是自然而然的一种本能行为。也就是说，圣人已经能够将"天地之性"发挥到极致，真正达到"与天道合一"，同时又能够"兼济天下"，这是张载以教化为手段所追求的完美人格。

- 05 -

早期教育观："养正于蒙"

"养正于蒙"是一种早期的教育思想，它源于《易经·蒙卦》的"象辞"："蒙以养正，圣功也。"张载继承这一思想并加以发扬："'蒙以养正'，使蒙者不失其正，教人者之功也"。就是说培养学生的良好品德和行为习惯，必须从童蒙时期抓起，及时教之，使不失其正。

学者不可谓少年

张载具体指出："三代时人，自幼闻见莫非义理文章"；张载认为："古人于孩提时已教之礼。今世学不讲，男女从幼便骄奢坏了，到长益凶狠"；不要以为年少就不抓紧教育和学习，自缓便是"四十、五十"。

按照我国古代教育的传统，四岁左右为开蒙的最佳时期。此时，人生观、价值观和世界观尚未形成，心地纯洁且接受能力强，较易取得教育的最佳效果。因此，教育学家根据童蒙教育的规律及儿童的年龄特点，先后编写了卷帙浩繁的启蒙教材。这些蒙学教材和读物便于诵读记忆，流传甚广，如《急就篇》《千字文》《小学》《三字经》《百家姓》《弟子规》等。这些教材内容广泛，可划分为博物类、家庭蒙养类、起居礼仪类、伦理道德类等多种类别，不但可以运用于学校教育，而且在家庭教育和其他方面的教育中也充当着重要的角色。

古人注重在儿童开蒙之际便对其进行行为礼仪和日常规范的教育，这也是品德教育在古代教育中居于核心地位的一种体现。如《弟子规》中的"冠必正，纽必结，袜与履，俱紧切。置冠服，有定位，勿乱顿，致污秽。请贵洁，不贵华"翔实地规定了日常生活中的行为礼节。与之前蒙学教材的理论学习不同的是，该路径与儿童的成长环境密切相关，不仅对儿童高尚品德和良好习惯的养成大有裨益，也有利于家庭蒙养的具体指导。

勿谓小儿无记性

张载认为，不要以为年少无法接受教育，"隔日事皆能不忘。故善养子者，必自婴孩始，鞠之使得所养，令其和气，乃至长性美，教之便示以好恶有常，至如不欲犬之上堂，则时上堂而扑之，若或不常，既挞其堂上，又食之于堂，则使孰适从？虽日挞而求不升堂，不可得也，是施之妄。庄生有言，养虎者，不敢以生物与之，为其有杀之不怒；不敢以全物与之。为其有决之之怒。养异类尚尔，况于人乎？故养正者圣人也。"孔子自称十有五而志于学，不是说十五岁之前不曾学习，"直自在胞胎保母之教，己虽不知谓之学？"早期施以正确教育十分重要，因为再教育比教育要难得多。这是古今中外的一种教育共识，富有深刻的教育意义。

父母是孩子社会行为习得的楷模。"勿谓小儿无记性，所历事皆不能忘。"父母在家庭生活中所表现的责任感的强弱，是孩子最先获得的责任感体验。父母对孩子的影响不仅是深刻的，而且是终身的。对任何人来说，能做好的事而不去做，那是缺乏责任感；同样，对于尽自己的全力做不到的事而硬要去负责，则是滥用责任感。家长要经常反省自己，随时随地对自己的言行负责。如果家长经常对人夸海口，然后，不去履行自己的诺言，时间长了，孩子也会悄悄模仿，想怎么说就怎么说，对自己说的话不承担责任。因此，家长一定要加强自身的修养，要做一个有责任感的人，这也是为了有利于孩子的健康成长。

"受教"与"习染"的区别

重视早期教育是许多教育学家所关注的，张载的特殊贡献在于：他区别了教学与习染的不同，"受教即是学"，在教师指导下教以正确的内容，才可谓"学"。而自发的习染，既可以向善，也可以向恶，教学正是为了去掉或者防止习染之偏。"学礼则便除去了世俗一副当世习俗缠绕。譬之蔓延之物，解缠绕即上去，上去即是明理矣，又何求？苟能除去一副当世之俗，便自然洒脱也"。这是对孔子"性相近，习相远"思想的一个重要补充和发展。

传统教育学思想认为家庭环境对儿童思想品德的养成具有始基性的作用。如此家庭应承担更多的训蒙义务，主要包括以下两方面的内容：一方面，家庭成员要从生活细节上规范自己的行为，为子女树立良好的榜样；另一方面，家庭成员应注重向子女灌输乐于助人、勤奋好学、谦虚谨慎等良好的品德观念，并保护子女免受不良价值观念的侵袭。张载认为，教育可以帮助儿童区别习染中的善恶，能更好地形成良好行为品德。

– 06 –

学政结合，敦本善俗

　　张载与同时代的王安石一样支持变法求新，其政治理论基础是《周礼》，他企图通过"礼"的形式把"井田"与"封建"说成是符合天经地义的最美好的政治制度，并以此教化人民回到封建社会中的"老吾老以及人之老，幼吾幼以及人之幼"的大同社会。

　　《周礼》这部书一名《周官》，相传是周公所撰，是周公治理周朝的一个蓝图，其实这部书是战国时儒家收集古代和当时的政治制度、经济制度等，并添附儒家的政治观点编定而成，反映了儒家美化夏、商、周三代的社会理想。由于北宋的土地兼并加剧和中央权力过分集中所造成的社会危机，就使得记载"井田""封建"等制度的《周礼》成为改革家们寻求社会出路的重要思想资料。这样，以周代为改革的榜样、以《周礼》为改革的依据，就是李觏、王安石、张载等人政治思想的共同特征。

　　张载称颂《周礼》是的当之书"，说"周道止是均平"，明确表示他在政治上要"以礼乐为急"，把恢复礼乐作为最紧迫的任务，认为这是解决当时社会危机的一条"捷径"。所以，他要求学者"学得《周礼》，他日有为却做得些实事。"对此，"二程"评价说："子厚以《礼》教学者最善。"吕大临评价说："先生慨然有意三代之治，望道而欲见。论治人先务，未始不以经界为急，讲求法制，案然备具，要之可以行于今，如有用我者，举而措之尔。"

"礼"与"理"的关系

张载认为，礼由两部分组成，一部分是出于人为的，一部分是出于"自然"的。出于人为的部分，实际上就是指古代圣人所制订的典章制度，这些制度之所以可行，就是因为它合"理"。为了说明这个问题，他在北宋思想家中第一次探讨了"礼"与"理"的关系，发展了李觏等人关于"礼"是人类社会生活制度的思想。

在张载看来，"礼"是人类社会生活的制度，但为什么是这种制度而不是那种制度，决定这种或那种制度的根据又是什么？他认为这就是"理"，"理"决定"礼"，"礼"从属于"理"。他说："盖礼者理也，须是学穷理，礼则所以行其义，知理则能制礼，然则礼出于理之后。今在上者未能穷，则在后者乌能尽！今礼文残缺，须是先求得礼之意，然后观礼，合此理者即是圣人之制，不合者即是诸儒添入，可以去取。"

这里，张载概述了他在"礼"与"理"关系上的基本观点，他认为，第一，"制礼"的依据是合义(宜)，合义(宜)就是合理，所以"知理"才能制定礼，是理先而礼后。第二，"尽礼"的关键在"穷理"，由于当今的最高统治者不能"穷理"，所以就不能自上而下地、充分和全面地实现礼治。第三，"观礼"的内容在三代。三代圣人所制定的典章制度是合乎"理"的，一切不合"圣人之制"的举措都是后儒添入，都在清除之列。所以他又说："礼者圣人之成法也，除了礼天下更无道矣。欲养民当自井田始，治民则教化刑罚俱不出于礼外。"这是说，养民的"井田"制，治民的教化、刑罚，都是三代圣人所制订的行之有效的制度，这些制度是全社会所必须遵循的法规。

"礼"的自然存在——封建等级制度

出于"自然"的部分，是指封建等级制度，这是所谓的"天地之礼"，不假人为。张载说："礼亦有不须变者，如天叙天秩，如何可变！礼不必皆出于人，至如无人，天地之礼自然而有，假于人？夭之生物便有尊卑大小之象，人顺之而已，此所以为礼也。学者有专以礼出于人，而不知礼本。天之自然。"礼天生自有分别，人须推原其自然，故言"反其所自生。"

张载把尊卑、大小等封建等级制度说成是自然界所固有的，如自然界的秩序一样而不可改变，人顺从它，才能做到如《礼记·礼器》所说的"反其所自生"，恢复其本来的面貌。这样，张载就通过人为的礼，说明"井田"是圣人制订的制度，通过先验的礼，说明"封建"是自然形成的制度，从礼的两重性中分别找到了"井田"制与"封建"制的政治理论根据。

"礼"的教化作用——个人行为与道德规范

张载还认为，礼是个人的行为准则和社会的道德规范，具有使个人成为大器，使社会顺畅通达的双重作用，他借用《礼记》中的两个篇名，称前者为"礼器"，后者为"礼运"。他说："礼器则藏诸身，用无不利。礼运云者，语其达也；礼器云者语其成也。达与成、体与用之道，合体与用，大人之事备炙""礼，器则大矣，修性而非小成者与！运则化矣，达顺而乐亦至焉尔。"

这是说，"礼器"是用来规范自己的，个人安于礼所规定的等级名分，办事就顺利，人性就完美，"礼运"是用来规范社会的，社会按既定的等级名分运转，发展就合礼，百姓就幸福。贯通社会的道德规范是本体，成就个人的行为准则是本体的作用，能够把达与成、体与用统一起来，就具备了做一个道德高尚的人条件。

所以他反复说："人必礼以立，失礼则孰为道？知礼以成性，性乃存，然后道义从此出。""礼所以持性，盖本出于性，持性，反本也。凡未成性，须礼以持之，能守礼已不畔道矣。"在张载看来，礼，既是典章制度，又是人性的本源，持礼问以治国，可以成性。这就是孔子"先进于礼乐"，先学习礼乐而不急于做官的原因。

张载把"礼"上升到"理"的高度加以认识，试图探讨"礼"产生的更深层次的原因，有其合理因素。但他又把"理"说成是对封建典章制度和伦理道德规范的理论概括，这样，他经过从"礼"到"理"的分析以后，又回到了"礼"的起点上。他的"理"即"礼"的思想，起到了强化封建法规的重要作用，为后世许多思想家所因袭。

- 07 -

"尊德性"与"道问学"

关于"尊德性"与"道问学"，可以追溯到《中庸》中提到的"自诚明"与"自明诚"。张载的"先尽性以至于穷理"与"先穷理以至于尽性"发展了这种观点。关于"尊德性"与"道问学"的问题，孔子的回答是，"吾从先进"，即"尊德性"为先。张载认为，在"尊德性"的同时要"道问学"，以实现教育的最优结果。

当"道问学"与"尊德性"的不同而发生争论时，便揭示出了诚与明以及由诚而明与由明而诚之间的矛盾对立，使这原本统一的两个方面，顿时处于谁主谁从的尖锐矛盾之中。如果从"尊德性"出发，由于道德对知识、诚对明的主导性与超越性，就很有可能导致疏于知识甚至流于束书不观的结果；如果从"道问学"出发，由于以知识为主，又往往会导致架空道德践履甚至沦为口耳之学的地步。所以，无论是从"尊德性"还是"道问学"出发，都将面临一个二者无法统一的困境。

德智统一

张载在《正蒙·乾称篇》中说："儒者则因明致诚，因诚致明，故天人合一，致学而可以成圣，得天而未始遗人"。由此句可以看出，张载认为，由明即可到诚，由诚也可以达明，二者是互为指向的，是互成互体的关系。

后世学者王阳明在"求之于心"，使本体落实、贯彻于日常人生的理论指导下，在本体论与修养论一致的道德实践基础上，用"致良知"与"知行合一"的观点，同张载观点一致，最终使"尊德性"与"道问学"实现统一。由此，无论是从人类自身层面，还是从社会生活层面来看，二者的统一都具有非常重要的理论意义及实践意义。

良知是当然的本体，但推至良知的功夫绝不能仅仅是"冥行"，它必然同时包含着对良知的自觉，这样，"致"本身也就兼知兼行而"知行合一"了，这也就最好地诠释了如何做到"尊德性"与"道问学"的统一。具体说来，致良知的过程，也就是以良知统摄人生、统摄事事物物的过程。由于"致"本身就是兼知兼行的过程，因而同时也就是自觉之知与推致之行一时并在、知行合一的过程。由此，"良知"说与"知行合一"说也就实现了统一，进而也使"尊德性"与"道问学"实现了完美的结合。所以说王阳明的"致良知"与"知行合一"观点就是使"尊德性"与"道问学"实现相对统一的最佳选择。

"尊德性"与"道问学"的争论

张载在《正蒙·诚明篇》中则又表现出另外一个观点："诚有是物，则有终有始，伪实不有，何终始之有！故曰：不诚无物。"结合其在《正蒙·太和篇》中关于"太虚""气""神化"的阐释，他似乎支持"诚为先"的观点。张载认为"明"只是"诚"在某种具体条件下的表现形式罢了，这显然是将"太虚""气""神化"看作公认本体的指导原则下作出的结论。

关于"尊德性"与"道问学"的争论，从本质上说，是由于历代学者不同的为学路向及对具体概念的不同把握所造成的。由于其对立的尖锐性与分歧的深刻性，人们总是试图从各种立场来统一这一对立。但是，这种方式非但无助于双方的统一而且往往又成为这一争论的延续。

黄宗羲在此对"诚""明"的解释类似子思在《中庸》中的阐述，即以"天道""人道"立言，认为"四句教"中的"好善恶"是人的意志，代表人的行动方向，属于道德范畴。而作为"为善去恶"的"致良知"，则是在人的道德意志支配下所进行的具体行动，属于知识论，亦即"道问学"的范畴。

这样，也就从"诚""明"的角度解释了"尊德性"与"道问学"的统一。

思想意义

第一，它揭示了"尊德性"与"道问学"对儒学、对中国思想文化的推进与贡献，以及儒学自古以来就存在的理论与现实并重的双向关怀。第二，使儒学显现了强烈的实践品格和丰富的形上智慧，为儒家哲学的发展提供了一个坚实的形上地基。第三，体现了本体与境界的高度一致性。第四，对于提高哲学思维水平、建构完整严密的哲学体系具有重要的理论意义。第五，"尊德性"与"道问学"的这种统一，将为当今社会调和价值理性与工具理性之间的相互歧异提供某些参考。第六，二者的统一也揭示了当今社会由于长久以来过分偏重"尊德性"与"道问学"的某一方而造成的社会弊端，并提供了救治的"良方"，即要求人们自身要双向圆融，将做学问与道德修养结合起来，对于规范社会学术研究及形成良好的社会风气，将起到良好的引导作用。

－ 08 －

立志向学，勤勉不息

"绝学"一词，源出《老子》。老子说："绝学无忧"，放弃学问，才能没有忧愁而保持人的朴素自然状态。张载则借以说明一种失传的学问，"继绝学"，就是继承孔子、孟子所创立而被后人所遗忘所曲解了的儒学。他曾作《圣心》诗一首，说："圣心难用浅心求，圣学须专礼法修。千五百年无孔子，尽因通变老优游。"

他又说："此道自孟子后千有余岁，今日复有知者。若此道天不欲明，则不使今日人有知者，既使人知之，似有复明之理。""某自今日欲正经为事，不奈何须着从此去，自古圣贤莫不由此始也。"

张载把儒学分为所谓的圣人之心和圣人之学两部分，认为圣人之学可以通过礼法这些文字材料来了解，而圣人之心则是不立文字的，它须通过学者的内省之心来领悟，即所谓"圣心难用浅心求"。这里，张载用了一个禅宗的概念、照禅宗所说的，释迦牟尼有一个"教外别传"，怎么传法？就是"以心传心"，经过许多代的祖师心心相传，而成为"心法"。张载以为儒学也有一个"圣心"的心传系统。

"为去圣继绝学"

张载"继绝学"的原因是，当时很多学习儒学的人，由于受到佛、老之说的迷惑，而混淆了儒、佛、道三者之间的界限，张载说："语天道性命者，不周于恍惚梦幻，则定以'有生于无'，为穷高极微之论。入德之途，不知择术而求，多见其蔽于彼而陷于淫炙。"

"天道性命"是据《论语·公冶长》"性与天道"而发，这里喻指儒学。"恍惚梦幻"据《金刚经》"一切有为法，如梦幻泡影"而发，这里喻指佛学。"有生于无"，见《老子》，"淫"，放任，源出《孟子·公孙丑上》："波辞知其所蔽，淫辞知其所陷。"这段话的意思是说，那些自称是崇奉儒学的人，不是惑于主张世界为梦幻的佛学，就是陷于主张无中生有的道家学说，还自认为这些是最高级、最精确的理论，从而把片面的或不负责任的观点渗入儒学，使自己在进德修业的道路上误入歧途。在这些人中不仅有混同儒、道的扬雄，混同"三教"的王通，而且有当今的一些"世儒"。这些"世儒"的代表人物，张载虽没有明说，但从其思想观点来看，很显然是指苏轼、苏辙、黄庭坚等一批蜀学中人物。这个学派深受禅宗和道教的影响，他们竞相以谈禅、谈道相尚，撰写了大量文章，主张儒、佛、道三教并行不悖，不要辩论是非彼此。

苏轼说："孔老异门，儒释分宫，又于其间，禅律相攻。我见大海，有北南东，江河虽殊，其至则同。"苏辙也说："老佛之道，非一人之私说也，自有天地而有是道矣。古之君子以之治气养心，其高不可要，其洁不可德，天地神人皆得望而敬之，圣人之所以不疾而速，不行而至者，一用此道也。"把佛教和道家、道教看作与天地共存的圣人之道，因此，儒、佛、道三教"并行而不相悖，泯然不见其际而天下化"，只有泯灭三教的门户之见，才能统一天下人的思想，并声称这是周公和孔子的"遗意"。

黄庭坚则坦白承认自己像个和尚："似僧有发，似俗无尘。作梦中梦，见身外身。"晁补之自述："年二十许时，即知归依正法，更不生疑。"秦观针对有人以他的著作中把"浮屠、老子、卜医、梦幻、神仙、鬼物之说"于儒家学说是"是否"不分，"信诞""不辨"的质难，特著文辩解说："安知彼之纯不为驳，而吾之驳不为纯乎？且万物历历，同归一隙；众言喧喧，归于一源，吾方与之沉与之浮，欲有取舍而不可得，何暇是否信诞之择哉？"

认为儒、佛、道等是无法加以取舍的完善学术，没有必要来区分其间的正确与错课、信实与荒诞。正是这种公开维护佛教和道教的立场，使得不少僧人和道士成了他们的知心朋友，如苏轼的好友有禅宗的契篙，二苏的好友有天台宗的慧辩、元净，黄庭坚的好友有惠识等。

道归一

针对上述"使儒、佛、老、庄混然一途"的思想倾向，张载批评说：彼语虽似是，观其发本要归，与吾儒二本殊归矣。道一而已，此是则彼非，此非则彼是，因不当同日而语。其言流遁失守，穷大则淫，推行则破。致曲则邪夜阴阳则能（知）性命，能知性命则能知圣人，知鬼神。

这里，张载认为，第一，道一而已分，儒学的真理只有一个，在儒、佛两种对立的学说中，这一种学说正确，那一种学说就是错误；这一种学说错误，那一种学说就是正确，所以不能把两种学说同等看待。佛教学说"其言流遁失守"，隐晦无根据；"穷大则淫"，论说宇宙万物则荒诞不经；"推行则坡"，实行起来则偏于一边；"致曲则邪"，在每件小事上都违反正道。诸如此类的错误说教，在每本佛经都屡见不鲜。因此，儒学与佛学的世界观不同，为学的宗旨、目的不同，是"二本殊归"的。

第二，只有懂得"昼夜阴阳"，即"太虚之气"的循环聚散这一普遍规律，才能懂得性和命的本质；能够懂得性和命的本质，才能懂得什么是圣人，什么是鬼神的问题，这样，才能不受佛、老学说的迷惑。为此，他反复强调要在儒学内部进行"性与天道"的教育，要学习儒学的人讲解"儒学穷理，故率性可以谓之道。浮图不知穷理而自谓之性，故其说不可推而行"的道理，并认为孔子就是通过"穷理"的途径认识性命、认识天道的楷模。他说："三十器于礼，非强立之谓也。四十精义致用，时措而不疑。五十穷理尽性，至天之命；然不可自谓之至，故曰知。六十尽人物之性，声入心通。七十与天同德，不思不勉，从容中道。"

这是张载运用理学观点，杂采《中庸旁》《周易》对《论语·为政》中孔子自述"吾十有五有志于学，三十而立，四十而不惑，五十而知天命，六十而耳顺，七十而从心所欲不逾矩"所作的新解释。意思是说，孔子于四十岁以前都在积累知识，学习运用，为"穷理"作思想上和资料上的准备。从五十岁开始探讨事物的条理、人们的本性，虽说还没有掌握但却已知道了其中所包含的某种必然性。六十岁时已经穷尽人和物的本性，听到和看到了任何征兆，心里就明白了。七十岁时知性知天，洞悉人生和宇宙的真谛，不须思考，不用强求，自然而然地符合中庸之道。

　　在张载看来，只要学习孔子所谓"穷理"的经验，就能自觉地继承和维护儒学道统，防止和纠正出现"异言"。批评儒门中的"异言"是为了对抗儒门外的异端。对抗儒门外的异端，必须批评儒门内的异言，两者互相联系。

– 09 –

学贵心悟，去疑求新

张载认为，意、必、固、我都是先入为主的思维定式，人们如果心存臆度、幻想、固执、偏见中的任何一种，都会产生认识上的片面性，使主观与天地万物"不相似"。所以他说："毋固者，不变于后，毋必者，不变于前。"没有固执，没有幻想，就不会在认识上瞻前顾后，而保持心态的平衡。"毋四者，心虚也"，心中不存臆度、幻想，固执和偏见，犹如洞穴一样地空白，就叫作"心虚"，或"虚心"。因此张载认为，只有保持"毋四"的虚心状态，创造出一个思维空白，才能不断地接受外来的知识。

张载的这个说法比英国哲学家洛克著名的"白板说"早了六百年。洛克说："人心就像一张白纸，上面没有任何记号，没有任何观念。人类活跃的无穷幻想在这张白纸上刻画出数不清的形形色色的东西。这样多的东西是从哪里来的呢？我的答复就是一句话——从经验得来。"但张载所说的"虚心"状态，又要通过"存养"的方法才能达到，这里又包含有内省体验的因素。

由于张载主张"虚心"，所以他比较注重的是"心"的反映能力。反映必须有被反映的对象，因此，他以"仲尼谓我非生知"为依据，阐述了他对知识来源的态度。

感知外物才能有知识

张载认为，以"气"为本原的客观世界是在人们意识之外的自然而然的存在，因此，人们要获得关于这个世界的知识，就必须感知它，感知外物才能有知识，不感知外物就无知识。他说："感亦须待有物，有物则有感，无物则何所感！"这里所说的"感"是指外界事物刺激于人们的感官而引起的感觉，没有外界事物对人的感官刺激也就没有感觉，当然也谈不上什么认识和知识。

所以说"有物则有感"，感官与外界事物接触是人的知识的来源和基础。而人的思维功能，就是对感觉进行整理与改造，没有对外界事物的感觉，心思也就没有加工制作的原料，所以他又说："人本无心，因物为心。"这是说，无论感觉与心思都直接或间接地以外界事物为其反映的对象，人们"有识有知，物交之客感尔"，一切知识没有不是主观与客观相互作用的产物，从而坚持了从物到感觉和思想的认识路线。

感知过去，获取知识

人的知识不仅来源于当时的感觉，而且来源于对过去感觉的回忆，即近代哲学所说的表象。"有些事物现在并未闻见，却能产生感觉"，张载在解释这种"静生感者"的现象产生的缘由时说："若以闻见为心，则止是感得所闻见。亦有不闻。不见自然静生感者，亦缘自昔闻见，无有勿事空｜感者。"

过去的感觉也是由物而生的，知识不会从天上掉下来，根本不存在无客观内容的所谓"空感"。由于事物存在的条件千差万别、人的感官能力的局限等原因，有的事物已被感知，有的事物则尚未被感知，因此感知外物是一个永无止境的过程，如果以为感觉不到的事物就不存在，那将关闭求知进取的大门，他说："天文地理，皆因明而知之，非明则皆幽也，此所以知幽明之故。万物相见乎离，非离不相见也。见者由明，而不见者非无物也，乃是天之至处。彼异学则皆归之空虚，盖徒知乎明而已，不察夫幽，所见一边耳。"

"离"，指视觉器官；"明"，指光线。《周易·说卦》："离者，明也。万物皆相见"，这是说，人的视觉器官必须依赖光线的条件才能感知外物，但因外物有明暗的不同，有许多事物是视觉所不及的，这就需要运用推理的办法来认识它们。如果只以眼见为实，充其量也只能获得片面性的知识。

三人行，必有我师焉

张载十分推崇孔子的"三人行，必有我师焉"的为学格言，把向他人学习作为知识的另一个重要来源。他说，求知解疑"更须得朋友之助，日间朋友论着，则一日间意思差别，须日日如此讲论，久则自觉进也。"为此，他提倡在知识问题上要"不耻下问"，他说："人多是耻于问人，假使今日问于人，明日胜于人，有何不可？如是则孔子问于老聃、长弘、郯子、宾牟贾，有甚不得了聚天下众人之善者是圣人也，岂有得其一端而便胜于圣人也。"

他认为，孔子之所以能成为伟大的圣人，其中一个重要的原因，就是善于荟萃"天下众人"的智慧，这是一切大学问家成功的要诀。他指出，自以为是和自作聪明是人不肯下问的主要原因，其结果只能是"终身不知"。他称颂《论语·泰伯》中所说的"以能问不能，以多问寡"，认为孔子所说自己有才能，还要向没有才能的人请教，自己知识渊博，还应向知识少的人学习，始终把自己置于"无知"的地位，是使人不断吸取新知识的至理名言。所以他反复告诫说："若以不知为知，则所知亦不知也。""有不知则有知，无不知则无知。"

这是说，不论有知识还是无知识在很大程度上取决子能否向他人学习，这里不仅要向师长、朋友学习，而且要向自己的教育对象学习。他在自己的教学实践中总结出了一条极其宝贵的经验："常人教小童，亦可取益。绊己不出入，一益也；授人数次，己亦了此文义，二益也；对之必正衣冠，尊瞻视，三益也；尝以因己而坏人之才为之忧，则不敢惰，四益也。"

《中庸》以"诚己""诚物"为"合内外之道"，是说自己做到"诚"，不仅能使自己的品德得以完善，而且能使事物的性质得以发挥，从己（内），物（外）两个方面与天合一。张载所说的"合内外"是从知识来源上讲的，他认为只有把直接获得的知识与间接获得的知识，书本知识与实际知识相结合，才能获得比闻见知识更高的知识。

－ 10 －

克己从礼，自我教育

人学是"四书"阐述的主要内容，从《论语·颜渊》"樊迟问仁，子曰爱人"。《中庸》"仁者，人也，亲亲为大"到《孟子·尽心下》"仁也者，人也，合而言之，道也"等论断，都是讲的人和人际关系的问题。张载的人学思想也是沿着这一思路展开的。他说："学者当须立人之性。仁者，人也当辨其人之所谓人。学者学所以为人。""人事不过于上下之交，此可尽人道也。""人道之用，尽于接人而已。""仁人则须索做，始则须勉勉，终则复自然。"这里也是把"仁"作为培养人、辨别人、学做人和处理人与人之间关系的基本原则。

好仁是最高的德行

但张载所说"仁"，其含义与"四书"所说不尽相同，这是张载对"仁人"标准的解释。第一，张载认为，"仁"是"好仁而恶不仁"的统一体，它包括应当做什么和不应当做什么这两个部分的内容，用现在的话说就是有破有立。他说："中心安仁，无欲而好仁，无畏而恶不仁，天下一人而已，唯责己一身当然尔。"

这里"好仁""恶不仁"始见于《论语·里仁》："子曰：我未见好仁者恶不仁者。好仁者，无以尚之，恶不仁者，其为仁矣，不使不仁者加乎其身。"意思是说，孔子没有见过好仁的人，也没有见过恶不仁的人，如果把好仁与恶不仁加以比较，他认为好仁是最高的德行，而恶不仁只是使不仁的人不加非议于自己，其德行是次一等的。

这里，孔子是把"好仁"与"恶不仁"看作是两件事，而不是"仁"的两个方面，他称赞的是"好仁"的品德，所以孔子是把"仁"作为正概念来使用的，如以"爱人"为"仁"，以"克己复礼"为"仁"，以"敬、惠、义、宽、信、敏、静"为"仁"等，都是这个意思。张载则从《礼记·表记》中引进"无欲而好仁者，无畏而恶不仁者"的思想，认为"仁"就是一种无欲而又无畏的品德，尽管天下只有很少的人能够做到，但每个人都应当严格要求自己，向这个目标奋进。这样，"仁"就被具体化为对利欲的正反两种态度。

在张载看来，只有自己"无欲"而又能以无畏的精神反对追逐利欲的人，才是一个真正的"仁人"。所以他把利欲之心作为实现"仁"的最大障碍。他说："仁人难成久矣，人人失其所好，盖人人有利欲之心，与学正相背驰。"

张载对"仁"的改造，反映了理学家在利欲问题上的鲜明个性，即企图在人们的自觉性和外在的强制力相结合的基础上，控制人们的欲望，以求得社会的稳定。对此，张载说得很清楚："德主天下之善，善原天下之一。善同归治。"这段话是引自《尚书·咸有一德》而有所发挥。"一"指"一哉王心"，意思是说，德是统率善的，善是帝王的品质，人人都向善，国家就会得到治理。可见，伦理的政治性在张载的体系里进一步被强化了。

仁义结合，克己复礼

张载认为、仁、义、礼、智不可分割，其中一仁与众德（义、礼、智）之间存在着互相渗透、互相补充的关系，只有把这四德统一起来，才能促进"仁"的全面实现。孔子在《论语》中有一百零九处说到"仁"，但从来没有把仁与义并举，因而也就不可能说明仁与义的内在联系。他虽然也曾提出能行"恭、宽、信、敏、惠"五者于天下为"仁"，但那只是为了扩大"仁"的内涵，使之成为众德的统率，同样没有解决众德对"仁"的制约作用。

　　孟子第一次把仁、义、礼、智连称，并把这四德作为"恻隐""羞恶""辞让"与"是非"之心的扩充和成熟。他说："恻隐之心，仁之端也；羞恶之心，义之端也；辞让之心，礼之端也；是非之心，智之端也。人之有是四端也，犹其有四体也。"这里旨在说明仁、义、礼、智萌芽于人所固有的四种心理状态，而关于四德的相互关系，除了在《孟子·离娄上》作为仁政的基本条件以外，也没有进行全面的阐述。张载推进了《论语》《孟子》的思想。他一方面肯定"仁统天下之善"，另一方面又强调"仁"与众德之间是一种互为因果的体用关系。他以仁与义为例说："义，仁之动也，流于义者于仁或伤；仁，体之常也，过于仁者于义或害。"

　　这是说，义是仁的作用，如果行义没有节制，将会有损于"仁"，仁是义的本体，如果施仁不看对象，将会有损于"义"。所以，"仁"不是孤立存在的，他说：仁不得义则不行，不得礼则不立，不得智则不知，不得信则不能守，此致一之道也。

　　这里，张载认为，仁不同义结合，就难以掌握合宜的程度，而无法实行，仁不同礼结合，就难以辨别上下的次序，而失去原则；仁不同智结合，就难以理解人伦的内容，而缺乏知识；仁不同信结合，就难以做到前后的一贯，而不能坚守。所以，他再次强调仁与众德结合统一的道理。

– 11 –

"集义养气" 与 "行养结合"

张载的人性修养论与宇宙论是密切相关, 不可分割的, 二者之间的主要联系是 "性", 这也是一种基本范畴。"性" 的概念和含义可以从体和用两个方面来理解。从 "体" 的方面来说, "性" 就是太虚之气的基本性能。张载认为: "合虚与气, 有性之名" "气之性本虚而神, 则神与性乃气所固有"。也就是说, "性" 原本就是太虚与气的结合和统一, 太虚之气一旦产生, 就存在固有的本然属性, 这就是 "性"。从 "用" 的方面而言, "性" 是太虚之气的妙用, 因为它具有神妙不测的性能, 因而可以大化流行。

张载也就人性修养的方法提出过自己的观点, 他认为, "义集须是博文, 博文则用利, 用利即身安, 到身安处却要得资养此得精义者……洒扫应对是诚心所为, 亦是义理所当为也。" 可具体解释为: 第一, 人性修养的认识起点是 "博文"。先学习广博的知识, 然后把知识加以运用, 这样就可以安身立命, 逐渐修养德行, 当德行修养到一定的境界, 就能够展现出本真无伪的性情, 从而修成圣人。按照古代圣贤孟子的说法就是, 博文可以集义, 而集义可以养气, 养浩然之气就可以充塞天地, 德行高远, 胸怀广大, 达到 "大" 的境界, 就能修成圣人。第二, 注重日常的实践。对于人性修养而言, "洒扫应对" 是实践的开端, 日常的洒扫应对包含着天道义理的规则, 要想修身养性, 必须从日常生活的点滴做起, 不仅需要学习知识和伦理道德, 更需要将知识和道德实践出来, 而且要诚心诚意去做, 这也是 "义理所当为"。

"集义"即"积善"

在修养的功夫上，张载继承并发挥了孟子"我善养吾浩然之气"的观点，指出："浩然无害，则天地合德；照无偏系，则日月合明；天地同流，则四时合序；酬酢不倚，则鬼神合吉凶"。养浩然之气须"集义"，张载说："养浩然之气是集义所生者，集义犹言积善也，义须是常集，勿使有息，故能生浩然道德之气"。浩然之气不是自发产生的，而是"集义"所得，"集义"就是"积善"。"义，人之正路也"，走人该走的正确之路；做人该做的合宜之事就是善，否则就是不善、不义。行善、积善就是集义，永不停息地行善、集义，就能获得至大至刚的浩然之气。集义必须"守礼"。张载说："学者且须观礼，盖礼者滋养人德性，又使人有常业，守得定，又可学便可行，又可集得义养浩然之气须是集义，集义然后可以得浩然之气严正刚大，必须得礼上下达义者，克己也。"

"养气"须"绝四"

张载说："天理一贯，则无意、必、固、我之凿意、必、固、我，一物存焉，非诚也；四者尽去，则直养而无害矣"。天道至诚无欺、真实无妄排除意、必、固、我的穿凿干扰，才能体认天道，否则，就会违背天道，就是"不诚"。张载反复强调"绝四"的重要性，只有"绝四"，方能养浩然之气，"直养而无害"。

"养气"须"去妄"、"去昏"

张载说："妄去然后得感而起，妄也；感而通，诚也；计度而知，昏也；不思而得，素也。""无所不感"是气之本性，"感而遂通"是天道之诚，依天性、天道去认识事物，修养自身，则能"止于至善""无所感而起"，就是"妄"；精于算计、随意猜度，"计度而知"就是"昏"如果违背天性、天道，就会陷于虚妄、昏蔽，有害于善因此，去妄、去昏才能"得所止"，从而养得浩然之气进入"大"之境界："塞乎天地之谓大，大能成性之谓圣。"

浩然之气充满天地之间，就是"大"。"大"的境界还不是张载所追求的认识和修养的极致，"大而化"才是最高境界。"大而化"的境界不仅能使浩然之气充满天地，而且能够回归天地之性，与太虚之气融为一体。《易》谓"'穷神知化'，乃德盛仁熟之致，非智力能强也"，又说："大而化之，能不勉而大也，不已而天，则不测而神矣。"

如果说"大"的境界还需要思考、作为，那么到了"大而化"的境界，人的修养已经达到了德盛仁熟的最高点，在任何情况下都能做到"不勉而大""不已而天""不测而神"。

第七课 / 鬼神观

鬼神者，二气之良能也

张载的鬼神观基本上继承了传统儒家的观点，即反对佛教的六道轮回论，他认为："鬼神者，二气之良能也。"人体是自然衍生的产物，由阴气、阳气、精气、五行之气互相影响而形成。而鬼神也是阴阳二气蕴化产生的。人活着的时候，由阴阳五行掌控生命进程，天地自然的精气融入体内，生成血气，成了一个活人，而活人就有知觉，有知觉的人有各自的性情脾气，谓之神灵。人死之后神灵消失，自然精气散去，重归于天地阴阳之气，所以不存在轮回转世的说法。因此从张载的鬼神观来看，人体是自然阴阳五行组合产生的，所有的知觉、听觉、味觉，以及思考能力，都是建立在物质之上的。人的意识和性格，其实就是人体活动产生的精妙功能。人活着的时候，大脑中储存了大量的信息和程序，人死之后，支撑大脑的"神灵"消失，随即失去阴阳精气的依托，灵魂最终也消散了。

– 01 –

鬼神：祭祀与义理的统一

古往今来，人们对鬼神的看法众说纷纭。然而张载认为世界上既不存在佛教所说的"鬼"，也不存在道教所谓的"神人"和长生不死之事。在张载看来，人的出生与死亡只是一个纯粹的自然过程。《正蒙·动物篇》记载："物之初生，气日至而滋息；物生既盈，气日反而游散。至之谓神，以其伸也；反之为鬼，以其归也。"

其意为万物的生死归根结底是"气"的聚散，"气"聚就叫作"神"，因为它具有使万物生长繁衍的伸进功能；"气"散就叫作"鬼"，因为它使万物枯萎死亡从而又回归到万物的本来状态，就是"气"。而人作为万物的一种，自然也要遵循同样的道理。既然"鬼""神"的本质只是简单的"气"的聚散，那么鬼神在古代社会究竟有什么样的现实意义呢？

鬼神是人们祭祀的对象

在古代有一种叫"盟诅"的事物，又叫"载书"，它是古代天子与诸侯之间，诸侯与诸侯之间，诸侯与大夫之间，为了在政治利益上相互约束，向神盟誓时写在策上的辞。在《周礼·秋官司寇·司盟》中有具体的记载。所谓盟是盟未来，诅是诅过去，就是对违约者的诅咒。

鬼神迷信从而进行祭祀的情况不仅在社会上层的这些诸侯国中出现，在社会的下层则更为普遍。张载认为战国时期之所以出现盟诅盛行和深山僻壤多信巫术的情况，是因为政治动乱和经济文化落后从而使得"人屈抑无所伸"。就是在政治经济方面的压力下而不能自主，于是就听于神，幻想得到某种超自然力量的安慰和帮助。在张载看来这就是鬼神迷信产生的社会根源。

他还认为，人们听于"神"，虽然是一种迫不得已的情况，但其结果往往使得其反。不但没有求得神灵的保佑，有时候反而会给自己带来不幸。据《周礼·天官冢宰·医师》记载的下医（即有病却不及时为人医治的医生），是"十失四"，即十个病人有四个误诊，另外六个是不治而愈的情况。还有观点指出当时的巫医是十失五，反而把一些能够自己康复的病人也推向了死亡，可是自愈的人却都声称是神的力量拯救了他们。这些统计数字虽然未必准确，但却反映出张载对当时民众愚昧无知的痛心，以及祈求改变社会生存环境的迫切心情。

人们因被现实的环境所迫，而不得不求助于鬼神，向鬼神祭祀，顶礼膜拜，笃信不疑，然而鬼神带给人们的只有失望与不幸，这也再次印证了张载的鬼神观，即鬼神只是虚构的，是虚无缥缈的"气"，是看不见摸不着的，是没有意义与价值的。

鬼神是人们对于义理的寄托

既然鬼神作为人们祭祀的对象而没有给人们带来任何的益处，那么鬼神是否就没有积极意义了呢？其实鬼神还承载了古人对于义理的寄托。佛教传入中国以后，便在民间广为流传，"因果报应""轮回转生"在中国古代有很深的根基，上至皇帝，大臣，下至黎民百姓，有很多佛教的忠实信徒。"南朝四百八十寺，多少楼台烟雨中"，便从某种程度上说明了佛教的流传之广。

在中国古代法制并不健全，封建君主专制制度赋予了统治阶层以及官僚阶层很多特权，虽然说"王子犯法与庶民同罪"，但是在很多情况下平民百姓在权力蒙受损失的时候是无法与王公贵族和官僚大臣相抗衡的。那么这个时候人们就希望能有一个外在的、崇高的力量来帮助伸张正义，惩恶扬善。而在人们看来，"鬼神"无疑是最好的选择，因为他们不但具有超自然的力量，而且几乎都是站在正义的立场上的。在宋朝，流传着铁面无私的包拯审案，有时候还要借助鬼神的托梦。在《西游记》里也有相应的描写，虽然小说不足为据，但是通过它在民间的广为流传，则在一定程度上反映了当时的人们希望通过鬼神来为自己伸张正义的社会习俗。

鬼神是人们对于义理的寄托不仅体现在下层人民当中，在社会的上层也有体现。在古代，许多诸侯国之间在打仗之前都要先祭祀鬼神，祈求己方获得胜利。而且即使是主动入侵别国的诸侯国为了自己师出有名，也经常打着鬼神的旗号来表明自己的正义性。比如，东汉末年"黄巾起义"中，张角等自称自己是"天师"。"陈胜吴广"起义时采用的"篝火狐鸣"都是这样的道理，都是借鬼神之口使己方占据义理。

另外，通过一些风俗民情，也能充分印证鬼神是人们对于义理的寄托。在古代民间，每逢过年过节或一些重要的日子，一些人就会烧香拜佛，祈求自己或亲人平安，幸福。在中国古代的家族里，几乎每一家都有"祠堂"，这正是古人用来祭祀神灵和参拜祖先的地方。家里有什么重要的事情发生，都要去祠堂烧香拜佛，祭祖。这种祭祀，也有很重的义理成分在其中，对于长辈的尊敬之理，敬畏之理，以至对于整个社会伦理的重视都有所体现。

- 02 -

辩证的鬼神观："鬼神，往来屈伸之义"

"鬼神"观是张载哲学思想中重要的组成部分，但在过去的研究中，往往容易被忽视。"鬼神"理论在中华文化的发展中，主要作为宗教意义而存在，以至大多数人忽略了其哲学思想。而实际上，在张载所注的《正蒙》中，有大量的关于"鬼神"的阐述。而朱熹的《近思录》中，更是将张载关于"鬼神"的观点编入《道体》的部分，说明"鬼神"在道学中的意义。

气之神

在张载的气理论中，"神"与"鬼神"是两个完全不同的概念。对此，我们在研究了解"鬼神"思想的时候，首先应该了解张载对于"神"的哲学阐释。

张载的《正蒙·神化篇》中说："气，其所有实。其絪缊而含健顺之性，以升降屈伸，条理必信者，神也。神之所为聚而成像成形以生万变者，化也。故神，气之神；化，气之化也。"阐释了"神"与"气"的关系，"神"是聚集成像成形而生变化，也就是"化"。"神"是"气"的本质，"化"是"气"的气化的过程。"神"和"化"都是"气"的不同的方面。

周敦颐的《通书》中提出了"动而无静，静而无动，物也。动而无动，静而无静，神也。动而无动，静而无静，非不动不静也。物则不通，神妙万物。"继承了《易传·八卦》的"神也者，妙万物而无言"的理论。而张载与周敦颐的"神"的观点有相似的地方，同样继承和发展了《易传·八卦》中对"神"的阐释。在张载的哲学思想中，"神"不单单指运动变化的玄妙，更重要的是，指事物运动变化的内在本质。在描述太虚和气的关系时，"神"就是就变化的本质而言的。

"太虚为清，清则无碍；无碍故神，反清为浊，浊则碍，碍则形。"太虚中没有气聚集的时候，就是清，清就没有阻碍，因而从一而升；反之，清转到反面，就是浊，浊则有阻碍，阻碍就会使气成形。这里的"神"则是"气"的性能。

"故直言气有阴阳，以明太虚之中虽无形之可执，而温肃、生杀、清浊之体性俱有于一气之中，同为固有之实也。推行有渐为化，合一不测为神。""气"中有阴阳之分，虚实相生相对，相辅相成，既对立，又统一。张载用他的神化论揭示了运动的本身来源于世界，事物的运动变化存在于世界的联系之中。

鬼神，往来屈伸之义

张载的"鬼神"观同样继承发展了《易传》屈伸相感的思想，在《正蒙·太和篇》论气化中说道："太和所谓道，中含浮沉、升降、动静、相感之性，是生絪缊、相荡、胜负、屈伸之始。""太和"即为哲学思想中的"道"，其中包含浮沉、升降、动静、相感的本性，这些是阴阳交互、互相碰撞、强弱胜负、伸缩曲张的开始。运用"屈伸"来阐释和描述"气"运动变化的过程，从而与事物变化形成对比。

张载在《正蒙·动物篇》中说："物无孤立之理，非同异、屈伸、终始以发明之，则虽物非物也；事有始卒乃成，非同异、有无交感，则不见其成，不见其成，则虽物非物，故一屈伸相感而利生焉。"事物没有孤立存在的道理，从同到异，从屈到伸，从始到终，没有相对的感觉，也就没有事物的运动和发展，也就是"故一屈伸相感而利生焉"的意义，阐明事物的运动就是"气"变化的过程。

张载将"鬼神屈伸"作为世界运动变化的规律，"鬼"与"归"，"神"与"伸"是谐音，"凡物能相感者，鬼神施受之性也；不能感者，鬼神亦体之而化矣。"所有的事物都是可以相互感知的，这是鬼神施与和承受的本性，不能感受的，则是鬼神被气化了。从而将"鬼神"引入到"气"学理论当中，以"气化"的观点来阐释"鬼神"，并且，张载运用人和物的生死来例证"鬼神"的理论。

"动物本诸天，以呼吸为聚散之渐；植物本诸地，以阴阳升降为聚散之渐。物之初生，气日至而滋息；物生既盈，气日反而游散。至之为神，以其伸也；反之为鬼，以其归也。"这里的"鬼神"与传统意义上的"鬼神"不同。传统的"鬼神"指的是人死去后的魂魄和神灵或者人的祖先。而这里的"神"则是"气"的"伸"；"鬼"则是"屈"，是气的变化。相对应的，人的"生"则是"神"；"死"则是"鬼"。

《张子正蒙注》中的"鬼神，往来屈伸之义；张子自注：神示者，归之始；归往者，来之终。始终循环一气也，往来者屈伸而已。故天曰神，地曰示，人曰鬼。"将"屈伸"和"气"相结合，阐释了天、地、人三者的关系。

－ 03 －

批判鬼神迷信

　　张载的鬼神观念，最大程度地摆脱了世俗迷信信仰的鬼神理论，不是否定鬼神存在的命题，而是一种新的鬼神观念。这种观念把鬼神归结为阴阳二气固有的性质，是张载的一个哲学创建。这种创建指出，鬼神，乃是二气之中固有、并且主宰二气运动的事物，是世界一切现象的原因。

　　这样一种哲理化的观念，可以称之为义理化的鬼神，即立足于传统原始本质的鬼神，并在此基础上赋予了义理化的内涵，从而发明了义理与祭祀相统一的鬼神观念。由于他的创造有力地抨击了传统社会的世俗鬼神迷信信仰，所以他在无神论史上也留下了浓重的一笔。

鬼神，二气之良能

　　张载认为"鬼神"是气的属性，他在《正蒙·太和篇》提出："鬼神，二气之良能也。""良能"一词，最早出现在《孟子》一书中，"人之所不学而能者，其良能也；所不虑而知者，其良知也。孩提之童无不知爱其亲者，及其长也，无不知敬其兄也。亲亲，仁也；敬长，义也；无他，达之天下也。"这里的"良能"指的是人所拥有的天生的非后天而能改的能力。

　　因此，程子也说："良知良能皆无所由，乃出于天，不系于人。""良知"侧重的事判断能力和辨别能力，只能用于人，而"良能"主要指的是行动的实践能力，当只表现其自然而然的意义的时候，"良能"可用于万物。正如伊川的《遗书》中所说："万物皆有良能，如每常禽鸟中做的窠子，极有妙处，是他良能，不待学也。"伊川没有注重"良能"的概念，从而把"良能"扩张于物，而张载则是运用"良能"来描述更加具体的"气"的活动属性。

张载的哲学思想中的"二气"与传统意义上的"二气"有所不同。传统意义上的"二气"主要指的是阴气和阳气，周敦颐在阐述他的宇宙观的时候，频频使用"二气"的概念，例如，"二气交感，化生万物"和"二气五行，化生万物"都是传统的阴阳二气。

相比之下，张载的"二气"更为抽象具体。如《正蒙·参两篇》中的"一物两体，气也。"从而表达"气"所包含相反的性质。因此，从张载的哲学思想来看，"二气"不单指"阴阳二气"，也指"气"所包含的两个方面。所以张载说："若阴阳之气，则循环迭至，聚散相荡，升降相求，氤氲相揉，盖相兼相制，欲一之而不能，此其所以屈伸无方，运行不息，莫或使之，不口性命之理，谓之何哉？"

张载的哲学思想是古代气论中最完全的理论心态，中国哲学阐述"气"时，强调"气"的运动性，却很少从理论上来描述"气"的运动，而张载运用"鬼神"来进行阐述，是有其特点的。

显而为物之神，隐而为物之鬼

与鬼神的"屈伸"相对应的，张载对鬼神用另一种理论来解释，就是"显隐"。即"显而为物之神，隐而为物之鬼"。这是根据《易经·系辞》中的"精气为物，游魂为变。"进行解释的。

《易经·系辞》中说："仰以观于天文，俯以察于地理，是故知幽明之故。原始反终，故知死生之说。精气为物，游魂为变，是故知鬼神之情状。"张载是这么解释的："精气为物，游魂为变，精气者，自无而有；游魂者，自有而无。自无而有，神之情也；自有而无，鬼之情也。自无而有，故显而为物；自有而无，故隐而为变。显而为物者，神之状也；隐而为变者，鬼之状也。大意不越有无而已。物虽是实，本自虚来，故谓之神；变是用虚，本缘实得，故谓之鬼。"这里的"有"和"无"指具体事物的有无，而不是"气"的有无。"虚"为"神"，"实"为"鬼"，将鬼神作为事物不同的存在状态来分开解释，而不是传统迷信中的"神奸物怪"。

张载将"鬼神"引为"气"的运动变化，否定了传统意义上的"鬼神"的存在，对破除封建迷信作出了重大的贡献。

– 04 –

疾病与虚妄："独见独闻"之"怪"

　　"独见独闻"一词出自张载的著作《正蒙·动物篇》，其原句为："独见独闻，虽小异，怪也，出于疾与妄；共见共闻，虽大异，诚也，出阴阳之正也。"意思是说个人的"独见独闻"在总体上是没有什么出入的地方，是因为那是对于虚妄的认识；然而众人的"共见共闻"是来自于两端的阴阳二气的。人对于事物的认识是不同的，虽然对于事物都有自己的认识和见解，但是具体的认识还是有差别的。

　　其实张载自己并没有对《正蒙》中的内容进行篇章划分，而是他的好友苏昞将《正蒙》中所写的内容按照他在序言中所写的"于是辄就其编，会归义例"，效仿《论语》和《孟子》的篇章格式，"篇次章句，以类相从"的将《正蒙》划分为了十七篇的内容。

　　《正蒙·动物篇》主要从万物化育皆从气生的角度补充阐述了张载"气本论"中气生万物的思想，与前面的四篇还是属于一个部分的内容，从各个角度展开论述张载气生万物的理论在世间各个方面的体现。除阐述了理念中最为重要的太虚、气和万物这三者之间的转化关系，还说明了"一物两体"，阴阳二气在世间的循环生育和幻化万物。在张载看来，动植物和人是宇宙之中的太虚之气在天地间经过了千万年的循环历史之后才能形成的，所以《正蒙·动物篇》放在了张载对于其天道观陈述的最后部分。

　　从《正蒙·太和篇》和其他篇章中，张载十分清晰地陈述了他关于天地之本的观点。他将《周易》中"气"的理念范畴引进过来作为自己天道观的基础，天道即"太虚"，而"太虚即气"，气又分阴阳，阴阳二气的相感循环推动着"变"与"化"的发生，从而产生事物。人也是这世间所产生的事物中的一种，所以人道是根据天道的要求，结合社会和自然环境所具体规范的，也是包含在天道之内的。对于"独见独闻"的理解当然也离不开张载的天道观。

物之相感

在《正蒙·动物篇》中，张载将万物由气而生的理念进行了进一步的阐释。张载写道："动物本诸天，以呼吸为聚散之渐；植物本诸地，以阴阳升降为聚散之渐。"动植物虽然所诸于的根源不同，但其实都是由气通过聚合形成的，万物的生灭本质上还是气的聚散，只是不同的物体它的聚散方式不同罢了。

接着又讲："凡物能相感者，鬼神施受之性也；不能感者，鬼神亦体之而化矣。"张载认为世间万物可以相感是因为鬼神的施受，而不能够相感的事物，鬼神也会贯穿在事物之中，将相感的事物进行转化。

张载的鬼神观是在《易传》屈伸相感的思想上进行的发挥，"鬼神"其实是"归"和"伸"，指的是气的屈伸，在《正蒙·太和篇》中张载是这样陈述的："天道不穷，寒暑也，众动不穷，屈伸也；鬼神之实，不越二端也矣。"

张载还认为世间万物没有单独一个存在的道理，任何一个物质都不是孤立于这个世界之外的，所以既然物和物之间不是孤立的，是有共同感的，那么事物之间才能相感。人其实也是世间万物的一种，所以人接触了世间万物以后也会相感，相感所得的就是人的所见所闻。

"独见独闻"

张载将人们通过感觉器官对于客观事物的表象和认知称为"见闻之知"，

即人们的所见所闻，是通往求知的第一个阶段。每个人因为其文化知识水平和各种其他因素所造成的对于事物的认知是不一样的，会形成"独见独闻"，但是"独见独闻"其实是相对来说的。

在张载的观点里，"独见独闻"与"共见共闻"的关系如下：一是可以与"共见共闻"的内容和方向保持一致，众多人数都保持着一样的"独见独闻"，就是"共见共闻"；二是与"共见共闻"秉持相反或者相对立的意见，是"怪"也，"共见共闻"就是"诚"也。意思就是说，如果对于物怪，大家都能看见的话那么它就是天地之间正当存在的理，也是包含在天道内的，是诚，是神的意志。但是如果只是一两个人的"独见独闻"，那么这些"独见独闻"的人肯定是处于错误地位的。

这样的说法其实还是为了巩固张载"天道皆太虚，太虚即气"的气本论的天道观，但张载的"独见独闻"之说更多的是用来反击佛道之学中怪力乱神之说的。

从张载的气本论可以看出，张载其实是一个并不纯粹唯物主义者，但绝对不能将其划归为唯心主义者中。因为他十分明确地提出了反对当时的鬼神之论，认为鬼神之论是"不可以理推"的，是从理论上和事实上都无法说通的，并用他的气本论对此观点进行了深刻的解释和阐述，鬼神之说就被张载定义成为了最典型的"独见独闻"之"怪"。《性理拾遗》中曾经记载了张载与他的学生范巽之对于鬼神之说进行过一场辩论，张载坚持无神论的传统，并为了彻底将自己的学生说服，张载用自己的气本论对鬼神进行了否定。

"独见独闻"之"怪"

前面说到，张载的"鬼神"实质是为气的屈伸变化，在《正蒙·太和篇》中说："鬼神者、二气之良能也。"这句话成为了张载对于鬼神之说的理论基础。《正蒙·神化篇》中也讲到他对于鬼神的定义："鬼神，往来、屈伸之义，故天曰神，地曰示（同祇），人曰鬼。"张载认为的鬼神就是"两端说"

中阴阳二气固有的一种性能，也是阴阳二气作用的一种结果。在天空中变化运行的就是"神"，在大地变化运行的气就是"祇"，在人类的变化运行就叫作"鬼"。

天地之间的变化对于人来说，其实非常迅速和难以预测。而且在生产力水平和人们的认知水平并不高的古代，人们对于自己无法掌控和了解的事情是充满了敬畏和恐惧的。张载在这里就要求人们不要随便以一些异象和谣言进行联系，来揣测"天"的反应。人生死的本质也是无法脱离气的聚散的，所以是一个"纯粹的自然的过程"。

张载在他的观点中一直非常强调气的聚散是生成世间万物的根源，在他的鬼神观中所对应的就是"气"聚生物，则为"神"；"气"散物灭，则为"鬼"，这一点张载在《正蒙·动物篇》中已经有了非常清晰的解释："物之初生，气日至而滋息，物生既盈，气日反而游散。至之为神，以其伸也；反之谓鬼，以其归也。"用物体的生灭来具体说明这个道理。

但是在张载的鬼神观中，"物怪神奸"与"鬼神"所说的不是一种事物，二者有着本质的区别。关于"鬼神"，在上文已经解释了许多，"物怪神奸"是"鬼神"中最为精怪的一种，它具有两个特点：第一，它可以从无实际形体变化出实际形体，同样也可以在两种形态之间互相转换；第二，它虽然"无形"，没有实际形态，但是它却能够与人类进行交流，具有十分强烈的蛊惑人心思的力量，具有自己的思维，"精明而能福善祸淫"。总之就是能与人类发生接触。这样的"鬼神"是难以让人诚心信服且能保人向善的。

《宋史》所记载的张载对于鬼神的观点是"黜怪妄，辨鬼神"，从最初的反对一切妖神鬼怪到只反对这样的"神奸物怪"，强调要将"鬼神迷信"和"鬼神义理"区分开来，张载所反对的只不过是对于传统经典的盲从和盲信。张载也曾对《周礼》中关于"盟诅"的观念有过批判："《周礼》是的当之书，然其间必有末世添入者，如盟诅之属，必非周公之意。盖盟诅起于王法不行，人无所取直，故要之于神，所谓'国将亡，听于神'，盖人屈抑无所伸故也。"（《经学理窟·周礼》）

因为在张载所处的那个年代，人们对于神灵的信奉在本质上所显现出来的其实是对现实生活中秩序和审判缺失现象的反映，是现实在信仰上的一种投射。但张载认为这样的做法并不明智、不可取。

张载提倡人们对于"鬼怪"的观点应一是要坚持实事求是的立场，坚定不移地相信这个世界是没有鬼神这种事物存在的，要坚持无神论的观点。二就是人们要对身边和世界中的事物有非常清晰而且深刻的认识，了解世间万物存在的事理，这样才能更好地将"鬼神迷信"和"鬼神义理"进行正确、合理、有效的区分，这就是所谓的"黜怪妄，辨鬼神"。

– 05 –

显物隐变：体物而不可遗

张载的气本论是建立在唯物的宇宙观上的，所以类如"鬼""神"之类的一切虚无缥缈的事物，在张载看来也就是气所存在的不同形态罢了。张载关于"鬼神"的观念实际上是对张载气本论思想的一种补充说明。

世界万物都是由气的循环变化而生的，在此基础上形成的天道观就认为世界是物质。气的不同组成方式是导致气组成的形态不同的原因。对于张载的"鬼神"观念，我们之前讲到了张载的"鬼"和"神"到底是什么，也讲到了"二气之良能"是对于"鬼神观念的解说"。但关于"鬼神观"，除了有这些说法，张载还提出了"显隐"之说来呼应"鬼神"乃气的屈伸的说法。

"显隐"之说其实是张载"气聚显而为物为神，气散隐而为变为鬼"的说法的提炼，出现于《横渠易说》中，但其实是对《系辞上》中"仰以关于天文，俯以查于地理，是故知幽明之故，原始反终，故知死生之说。精气为物，游魂为变，是故知鬼神之情状"说法的解释。我们在《系辞上》中第一次看到"精气为物，游魂为变"的说法，但是张载以"显隐"之说为此进行了哲学解释。

显为神，隐为鬼

《横渠易说》中有云："精气为物，游魂为变，精气者，自有而无。自

无而有，神之情也；自有而无，鬼之情也。自无而有，故显而为物；自有
而无，故隐而为变。显而为物者，神之状也；隐而为变者，鬼之状也。大
意不越有无而已。物虽是实，本自虚来。故谓之神；变是用虚，本缘实得，
故谓之鬼。"

张载在这里所提出的观点和看法说的其实非常明白。物和鬼其实都是
由气所变换而来的，只不过相对于人是否能视觉勘察得到，能被看见的有
实物显现出来物体的是"显物"；气在不被人察觉的变化中发生变化，所
生出的就是"隐变"。这两者之间的区别只不过在于能否被人察觉罢了。物
体不管是可被看到的还是虚幻的，其实都是气从太虚中生出来的。

在这里，张载又回归到了他坚持的"气本论"的观点，并从鬼神观念
的角度对气本论进行了补充和完善。这段话中的"有"和"无"指的并不
是气的有无，而是指具体事物的形态是否存在或者是否能被人或其他事物
所察觉。

张载是不相信"无"的，他认为"无"其实也是存在的一种形态，所
以张载在《正蒙·大易篇》中反对了道家思想中"言无"的观点："《大易》
不言有无，言有无，诸子之陋也。"

显隐与游魂为变

《正蒙·大易篇》中曰："显，其聚也，隐，其散也。显且隐，幽明所
以存乎象；聚且散，推荡所以妙乎神。"有无，其实也就是生成和消灭的过
程。《正蒙·太和篇》中也写道："知虚空即气，则有无、隐显、神化、性
命通一无二，顾聚散、出入、形不形、能推本其所从来，则深于易者也。"

张载在这里对于"鬼神"的有无与《系辞上》的"游魂为变"的说法
并不相同。张载的"精气为物"，是气运动生成物体的过程，被他认为是
"'神'之情状"，所以得出"自无而有"的结论。与"精气为物"相反的"游
魂为变"自然是"自有而无"。

但是在这里我们要注意的是，"情状"一词的"情"，在这里的用法则

是"实"的意思，带入进来就是鬼神的实体。"状"自然指的是事物具体的状态，但由本性为虚的气所运动生成的事物，张载在这里就以"虚"为"神"，实为"鬼"。但这是对"鬼""神"两字分开进行解释，认为这是事物的两种不同存在状态。

张载对于"鬼神"这一词的观念还是继承了先前的观点，化用《中庸》中"体物而不可遗"的观点来总讲"鬼神"之说。《正蒙·乾称篇》中曰："凡可状，皆有也。凡有，皆象也；凡象，皆气也。气之性本虚而神，则神与性乃气所固有，此鬼神所以体物而不可遗也。"

一切可以被描述出形状的，都是实体存在的；而一切实体存在的东西，都是有象的；而一切象其实就是气的不同形态表现罢了。气是变幻莫测，神妙无比。"神"和"性"气本身就有的特点，再结合张载"鬼神"乃气的屈伸变化的说法，就能理解张载的"鬼神"了。

《中庸》中关于"鬼神"的原文是这样写的："鬼神之为德，其盛矣乎，视之而弗见，听之而弗闻，体物而不可遗。使天下之人斋明盛服，以承祭祀。洋洋如在其上，如在其左右。"要想完整且深刻地了解这句话的意思，我们首先要明白"体物"在张载的哲学思想中到底是什么含义。

张载在《正蒙·动物篇》中对于"体物"进行了解释："凡物能相感者，鬼神施受之性也；不能感者，鬼神亦体之而化矣。"张载既然说了"鬼神，二气之良能也"，"二气"指的是阴阳两气，那么鬼神自然就是阴阳。在传统思想观念中，阴阳是主动和被动的关系，所以就有"阳施阴受"这么一种说法。张载的思想著作中虽有对体物进行解释，但并没有阐明其具体含义，后世的大理学家朱熹在总结张载的思想言论的时候就顺延着张载的思路帮他进行了解释。

鬼神体物而不可遗

朱熹在《中庸章句》中对于"体物"是这么理解的："鬼神无形与声，然物之终始，莫非阴阳和散之所为，是其为物之体，而物所不能遗也""问：

'字之以干事明体物，何也？'曰：'天下之物，莫非鬼神之所为也，故鬼神为物之体，而物无不待是而有者。然曰为物之体，则物先乎气，必曰体物，然后见气先乎物而言顺耳。"他将"体物"理解成"为物之体"，且对此思想作出了进一步的解释，认为"鬼神体物"要表达的含义就是认为世界万物其实本质就是气，从气本论的角度出发进行推理，最后又回到了气本论的思想上。这虽然是朱熹自己的言论，但基本上也是符合张载的原意的，在张载对于《易传》的注释中有着明显的体现。

再者，张载将神与鬼神相提并论的思想，从来源和表述上看其实是受道家《易传》的影响，因此张载在这之后便提出"鬼神，二气之良能"的看法，认为神和鬼神是不同的，鬼神也并不是宗教中所常提常论的神，而是气的阴阳变化不同所产生的一种结果，继而对两种分别作出了定义。

"圣者至诚得天下之谓；神者太虚妙应之目。凡天地法象，皆神化之糟粕尔"（《正蒙·太和篇》）"太虚妙应之目"就是张载对于"神"的解释。但是这个"神"与"鬼神"中的神到底有着怎样的关系，不同的学者对于这个问题的看法都有着自己的见解，并未达成十分统一的意见。但是如果撇开一些偏见，从张载的气本论和"鬼神"之说的出发点来看的话，张载在这里所说的"神"与"鬼神"的神其实并不相同。

但张载其实只在自己的学说和意义上使用"鬼神"以及"鬼""神"的观念，所以我们只能对"鬼神体物而不可遗"这个观点解释为"鬼神"说的是"气之性本虚而神"，说的是变化所具有的本性，即是《易传》中所说的"神"，所以可以得出"故体不遗"的结论。至此，我们完全可以得出张载的"神"的观念是对《易传》的继承，但是他用自然变化的"神"的观念转变了人们对于传统的鬼神观念的看法，所以他的"鬼神"实际上是从气本论思想出发的一种创见。

－ 06 －

自然神祇祭祀：以天事鬼神

在张载对于世界的看法中，他认为世界万物都是由气的循环变化而生的，在此基础上形成的天道观就认为世界是物质的，世间所有都只是气的不同形态罢了，气的不同组成方式是导致气组成形态不同的原因。由此观点作为推论，张载对于佛道之说中怪力乱神的"鬼神"之说自然是秉持着一种厌恶的态度的。

张载的"鬼神"并非世人所说的虚无缥缈的鬼神，而是对于《易传》中思想的一种变化沿用，"鬼"为"归"，"神"为"伸"，张载说的"鬼神"实际上指的是气的屈伸变化。他对于气化过程的观点在《正蒙·太和篇》中是这么写的："太和所谓道，中涵浮沉、升降、动静、相感之性，是生氤氲相荡胜负屈伸之始"，"至之为神，以其伸也，反之谓鬼，以其归也"。张载从气的角度来解释了"鬼神"，但这样无疑会触怒一些宗教人士，同时有许多人对他的观点进行了批判。

李贽就曾从宗教的角度出发对于张载的"二气之良能"的说法进行了批判："以鬼神为二气之良能可也，祭祀良能可乎？"张载认为宗教中的一切都可以进行合理解释，那么宗教中值得人去当作信仰或者使人充满憧憬的事物自然也就不再那么神秘，不值得人们去对天地和其他神鬼进行祭祀崇拜的活动。这当然与宗教信仰是相违背和矛盾的。

李贽对此所秉持的观点是，即使世间万物的存在都能找到一种合理的物质角度对其进行解释，但是天地和"鬼神"仍然是人们应该去祭祀的，而不应该对这些进行完全的摒弃。这种思维其实是一部分反对张载鬼神观的人，他们的观点代表，也就意味着张载想要将"鬼神"完全世俗化、哲理化是不可能的事情。

但是陈淳在《四书性理字义》中对于"鬼神"进行了四层意义的解释：一为鬼神本意，二为古人祭祀，三为后世淫祀，四为后世妖怪。但其实三、四所讲的概念只是有略微的不同，可视为一层。从鬼神本意的角度出发所理解的鬼神的本义，这应当与对鬼神的祭祀进行区分。

《宋史》中对于张载的学说定义为"其学尊礼贵德，乐天安命，以《易》为宗，以《中庸》为体，以孔孟为法，黜妄怪、辨鬼神"。这个定义其实说明了"黜妄怪、辨鬼神"其实是张载思想中非常明显和突出的部分，"辨鬼神"的意思就是陈淳所讲的从鬼神本义出发，鬼神是宗教意义上能够作为人们祭祀对象的，所以我们能看出来，张载所说的"辨鬼神"并不是要将鬼神之说全部现实化哲理化，而是要让人们正确的理解传统祭祀中的鬼神，从而才能达到不盲目遵从传统经典的目的。

黜妄怪、辨鬼神

在儒家的传统经典中，对于人们要祭祀的"鬼神"，除了天地山川还包括自己的祖先，我们在这里先重点讲述张载对于祭祀天地山川的观点和看法。

张载对于人的认知有着非常高的要求，他认为人们要对鬼神进行祭祀，首先就要弄明白自己祭祀的对象到底是什么。在古代，人们认为最重要的鬼神是古代的天地、山川还有五祀，而张载从气本论的角度出发对天地和山川进行解释以后并不认为这些人们进行祭祀的对象与人类本身有什么不同，其实都是世间万物形成的气。

他在《性理拾遗》中这样写道："所谓山川门雷之神，与郊社阴阳天地之神，有以异乎？易谓天且弗违，而况于鬼神乎！仲尼以何道而异其称耶？

又谓游魂为变，魂果何物？其游也情状何如？试求之使无疑，然后可以拒怪神之说，知亡者之归。此外学素所援据，以质成其论者，不可不察以自祛其疑耳。"

张载在这里对于传统经典中的鬼神观提出了自己的疑问：山川五祀这些神，和天地有什么不同的地方吗？《周易》中说天是不能够违的，那么对于鬼神又有什么道理对它们进行不同的称呼呢？"游魂为变"的魂又是什么呢？又是怎么游散的？

门雷是"五祀"之一，在这里提到是作为五祀的代表。根据佛教的说法，五祀之神只是"居人之间，司察小过"的"小神"。张载提出的这些疑问实际上是反对将同五祀之物等类的"小神"看作是有知觉的能够体察人情反映上天的事物，是值得人们去敬畏的这种观点。张载认为人们是因为对这些东西没有了解才会使人们对这些鬼神充满了敬畏，拒绝怪神的行为只能出现在人们对鬼神没有了疑惑以后。而张载对于鬼神之事的看法更多的可以从他对于祭祀的理解和观点得到说明和体现。

鬼神之祭祀

张载对于儒家和道家两派的学说十分通晓，其理论自然也就建立在这两家学说的基础之上。他对于祭祀的看法是继承了儒家学派《礼记》中从人的角度出发，以人为本的观点。

《正蒙·王禘篇》中这样写道："祭社稷、五祀、百神者，以百神之功报天之德尔。故以天事鬼神，事之至也，理之尽也。"张载认为"鬼神"其实与天地非常的相似，都是以功绩来进行回报，且祀天和祀鬼神的方式是一样的。

但是张载在敬事的方法上有很大的看法，比如他就对为自然神塑像这种仪式极其的反感，并在《经学理窟·祭祀》中有非常明确的阐释："山川之祀，止是其如此巍然而高，渊然而深，蒸润而足以兴云致雨，必报之，故祀之视三公诸侯，何曾有此人像！圣人为政必去之。"这个观点其实也是来自《礼记》。

《礼记》中认为自然体的本身就是"神"，是古人对于"神"这一概念的理解，张载对于鬼神的表述其实也是宗教起源论的一种，也是对于古人要对于山川天地进行祭祀的原因和解释。"三公诸侯"的说法也是见于《礼记》，在《礼记·王制》中有写到"天子祭天下名山大川，五岳视三公，四渎视诸侯"，张载引用了这个说法也是为了说明古人并未将山川等自然体看作是能够拥有人的形体的，只不过是按照人类社会中的秩序等级，以三公诸侯的规格来进行祭祀，报答功绩，而这才是祭祀最为重要的目的之一。

所以张载是将山川视为由气而生的自然之物，并不是人们所理解和期望的那种超自然的存在，他所反对的是人格神，并不是激进地宣称鬼神是不存在的。

－ 07 －

祖先祭祀：原始反终，故知死生之说

前面已经说到"黜妄怪、辨鬼神"是张载思想中非常明显和突出的部分，他所说的"辨鬼神"并不是要将鬼神之说全部现实化哲理化，而是要让人们正确地理解传统祭祀中的鬼神，从而才能达到不盲目遵从传统经典的目的。

张载的鬼神观在对于人们进行祭祀活动这一点上有着非常明显的体现。在儒家的传统经典中，对于人们要祭祀的"鬼神"，除了天地山川还包括自己的祖先，我们之前已经重点讲述了张载对于祭祀天地山川的观点和看法，这里主要讲述张载对于祖先祭祀的看法。

在对于祖先的祭祀行为的看法之上，张载首先强调的就是人们要弄清楚对"神"的理解，对"神"有了充分的了解以后才能更好地制定对神的祭祀礼仪。

祭神制礼

《正蒙·神化篇》中记道："知神而后能享帝享亲，见易而后能知神。是故不闻性与天道而能制礼作乐者末矣。"其中也有张载对古代思想的继承，即"享帝享亲"，说是对帝和亲的上供和祭祀，但张载这里的"帝"说的并非是传统观念上提出的是那个有人格的上帝，而是理性化地对"帝"作出了解释，在《正蒙·诚明篇》中说："在帝左右，察天理而左右也，天理者，时义而已"。享帝享亲之后方能知"神"，这里神指的是"鬼神"，说的是知道鬼神的形状。

但是想要真正去弄明白鬼神的形状，张载认为要以"知生死之说"作为基础才能更好地了解，而要想知"知生死之说"就需要"原始反终"。《系辞》中说到关于"原始反终"的原文是这样的："原始反终，故知死生之说"，张载在《横渠易说》上对此补充说"死生止是人之终始也"，更贴近的则是孔子对子路关于问死之事的回答。具体的在《正蒙·乾称篇》中阐述道："《易》谓原始反终故知死生之说者，谓原始而知生，则求其终而知必死矣。此夫子所以直季路之问而不隐也。"

儒道的观念不同，儒家很少专门谈论生死的问题，尤其是关于死的谈论。张载更是因为气生万物的理论特别认为气聚和气散其实就是自然的过程，人们对于这个过程应该持一种生死超然的态度。

游魂为变

《正蒙·太和篇》中说的就是"聚亦吾体，散亦吾体，知死之不忘者，可与言性矣"。人死之后气就散归于太虚之中，这就是"形溃反原"。结合张载的气本论进行总体的阐述就是，气的本然状态就是太虚，太虚之气是有阴阳二气之分的。鬼神是为气的屈伸，气的屈伸相感其实是没有穷尽的，所以气的运动变化也没有穷尽。在这种无穷无尽的气的循环当中生成的万象各有不同，运动变化的形式也是各不相同的。

在这里面张载就用了《周易》中的"游魂为变"的概念，侧重面放在"变"上，强调的是气的聚散变化过程，而不是说物质的形态和性质发生了变化。在《礼记·祭祀》中张载陈述了关于祭祀中的"鬼"到最后是回归于太虚之中："去坛为墠，去墠曰鬼，从描述以致坛墠，皆有等差定数。至于鬼只是鬼享之，又非《孝经》所谓鬼享也。此言鬼享……《孝经》言为之宗庙而鬼享之，又不与此意同。彼之谓鬼者，只以人死为鬼，犹《周礼》言天神、地祇、人鬼。"

张载秉持气本论的观点，其实是对佛教道教鬼神思想的一种反驳，所以张载在《正蒙·乾称篇》中对佛教进行了批评："浮屠明鬼，谓有识之死受生循环，遂厌苦求免，可谓知鬼乎？……惑者指游魂为变为轮回，未之思也。大学当先知天德，知天德则知圣人，知鬼神。今浮屠极论要归，必谓死生轮流，非得到不免，谓之悟道可乎？悟则有义有命，均死生，一天人，惟知昼夜，通阴阳，体之不二。"

鬼归于太虚

在对祭祀祖先的方式仪式上，张载也有一些想法和观点，他认为对于天地山川的祭祀是有非常明显的深意的，关于这个的论述张载写在了《经学理窟·祭祀》中："古人因祭祀大事，饮食礼乐以会宾客亲族，重专杀必因重事。今人之祭，但致其事生之礼，陈其数而已，其于接鬼神之道则未也。祭祀之礼，所总者博，其理甚深，今人所知者，其数犹不足，又安能达圣人致祭之义！"

而且在《经学理窟·丧祀》中说明了他认为的祭祀应该是怎样的一种形式："古人亦不为影像，绘画不真，世远则弃，不免于亵慢也。故不如用主。古人犹以主为藏之于椟，设之于位亦为亵慢，故始死设为重鬲以为主道。其形制甚陋，止用苇簟为之，又设于中庭，则是敬鬼神而远之之义。重，主道也，士大夫得其重应当有主，既埋重不可一日无主。故设，及其已做主即不用。"

古人不用画像制品的原因是因为觉得绘画是不真实的，越是年代久远的越是会被遗弃，因为被认为是对祖先的亵渎，这样子孙就不会对祖先有敬意，想解决这个问题就可以"主"来解决，因为"主"具有"重"的作用："'重，主道也'，谓人所嗜者饮食，故死亿饮食依之，既葬然后为主；未葬之时，棺柩尚存，未可为主，故以重为主。今人之丧，既设魂帛又设重，则是两主道也。"

在当时所有的祭祀风俗中，设魂帛是非常重要的，因为人们认为设魂帛可以有两"主"，这两"主"可以帮人依神，神灵是依附于"主"的。但是设魂帛以后，就有了两个"主"，神灵就是分散的不是统一的，所以张载是反对在祭礼上设魂帛的，因为魂帛和"重"是重叠的。除此之外，祭祀仪式也是涉及另外的一项古礼的内容，就是"立尸"，但是张载认为立尸并不能跟鬼神进行沟通交流，这个仪式设立的主要目的是为了教化，所以张载说："祭所以有尸者，盖所以示教，若接鬼神，室中之事足矣。"

祭祀的宗教意义主要体现在要与鬼神相接的目的，其实也是子孙在仪式中希望能跟自家祖先的魂魄进行沟通。同时还有十分重要的社会功能，张载说道："祭接鬼神，合宗族，施德惠，行教化，其为备须是豫，故至时受福也"（《经学理窟·祭祀》）。但是在张载将祖先的鬼神魂魄解释为是生前身体气散的结果，祭祀对象自然也不会存在那些要祭祀的人想要求得保佑和其他的意义，所以祭祀礼仪和仪式也就没有什么存在的必要了。

- 08 -

正统祭祀：自然山川之神

　　张载曾为礼官，主张正统的祭祀，反对淫祀以及怪妄。《宋元学案》中记载张载因为"患近世丧祭无法，期功以下未有衰麻之变，祀先之礼袭用流俗，于是一循古礼为倡"。

　　《宋史·张载传》也有记载："其家婚丧葬祭，率用先王之意而传以今礼。"在熙宁十年，张载因为礼官行郊礼不按古法而上疏争论，不被采纳，毅然辞官，死于回乡途中。

正统祭祀

　　正统祭祀的对象是什么呢？张载《性理拾遗》说："所谓山川门雷之神，与郊社天地阴阳之神，有以异乎？易谓天且弗违，而况于鬼神乎！仲尼以何道而异其称耶？又谓游魂为变，魂果何物？其游也情状何如？试求之使无疑，然后可以拒怪神之说，知亡者之归。此外学素所援据以质成其论者，不可不察以自祛其疑耳。"

　　这些属于"五祀"，在张载看来，它们与天地阴阳这些自然界之神没有根本区别。这些自然神在作为祭祀对象时，也是活生生的存在。《周易》中说，天尚且不违，更何况是鬼神，孔子是根据什么来区别称谓的呢？"游魂为变"中的"魂"又是什么？游散又是什么样的？对这些问题都理解并没有疑惑，就可以拒绝各种神怪，得知亡者归于太虚。儒家经典中也有鬼神，成为了佛教援引论证鬼神的存在，用于支持鬼神的存在的依据。

按照传统的说法，五祀之神是小神，郑玄注："小神居人之间，司察小过，做遣告者，以其非郊庙社稷大神，曰小神。以其门户灶等，故知居人间也。以小神所祈，故知司察小过。"

张载提问的用意，表明了他对将小神看作是有知觉传统观念的反对。主要表达了他对自然神祇的看法。他的看法可以通过他对祭祀的理解以及有关祭祀的礼仪观点而得出。

自然山川之神

张载对祭祀的理解继承了《礼记》，他在《正蒙·王禘篇》中说："祭社稷、五祀、百神者，以百神之功报天之德尔。故以天事鬼神，事之至也，理之尽也。"祭祀五祀、山神与祭祀天地是一样的，以天事鬼神。

在祭祀山川之神时，张载非常强调不能设人像。他在《经学理窟·祭祀》中说："山川之祀，止是其如此巍然而高，渊然而深，蒸润而足以兴云致雨，必报之，故祀之视三公诸侯，何曾有此人像！圣人为政必去之。"在这里，张载否定了人神同形论，却不否定鬼神本身。

同时，张载引用《礼记·王制》的"天子祭天下名山大川，五岳视三公，四渎视诸侯。"来说明古人没有将山川看做人形，而是根据三公诸侯的规格来向山川进行祭祀，表达对山川的报功之义。"报功"作为祭祀的主要目的之一，在汉代时期的王充曾以"报功"来解释祭祀的存在，完全否定了鬼神的存在。而张载并没有像王充这么激进，他只是反对将神明人格化，并没有完全否定神的存在。

- 09 -

儒家生死观：生死为气之聚散

祭祀对象之中，有一类是祭祀祖先神。张载认为，只要人们祭拜了，祖先神就会来享受祭祀，而且这些祖先没有位次的区别，后代祭祀的时候，所有的祖先都会一起享受祭祀。他在《经学理窟·祭祀》中说："至于鬼只是鬼飨之，又非《孝经》所谓鬼飨也。此言鬼飨，既不在庙与坛墠之数，即并合上世一齐飨之而已，非更有位次分别，直共一飨之耳，只是怀精神也。鬼者只是归之太虚，故共飨之也。"这里是说，鬼神是气中之灵，子孙在祭祀祖先时，凡是一气之流通的鬼神皆会来歆享。

祖先祭祀与原始反终

朱熹进一步解释了祖先祭祀问题，他在《朱子语类》中说："祖宗气只存在子孙身上，祭祀时只是这气，便自然又伸。自家极其诚敬，肃然如在其上，是甚物？那得不是伸？此便是神之著也。"

这就是说，祖宗之气继存在子孙身上，子孙祭祀时，只祖宗之气来歆享。而不论是自然神祇的祭祀，还是祖先神的祭祀，因其祭祀对象实则为一种神灵，所以和人的祸福有着重要的关系。如，张载《经学理窟·祭祀》提到"祭，接鬼神，合宗族，施德惠，行教化。其为备须是豫，故至时受福也。"祭祀的直接目的就是"接鬼神"。接通了鬼神，祭祀就能"受福"了，这就是张载鬼神观念的归宿。

　　张载强调对"神"的理解，只有了解了祭祀对象，才能有正确的祭祀礼仪。他在《正蒙·神化篇》说："知神而后能享帝享亲，见《易》而后能知神。是故不闻性与天道而能制礼作乐末矣。"而"享帝享亲"的"帝"并不是传统意义上的"上帝"，而是对这一人格理念作出了更加理性化的解释。他在《正蒙·程明篇》说："在帝左右，查天理而左右也，天理者，时义而已。"这里"帝"的含义，已经相当于"天理"，是一种人格化的自然之道。

　　了解鬼神的情形，要以知死生之说为基础，也就是"原始反终"。正所谓清楚了"死"的状况，才能更好地理解"生"的意义。《系辞》中说："原始反终，故知死生之说。"人的生命是从生到死，从始到终，对生和死都了如指掌，也就是原始反终。张载说《易》："原始反终，故知死生之说者，死生之事人之始终也。"阐述的意思正是如此。

儒家的生死观

　　由于人的生死是一种必然规律，所以儒家一般很少专门探讨关于"死"的问题，总会把"死"与"生"联系在一起，研究"死"也是为了更好地了解"生"。因此，对于儒家思想来说，生永远比死更重要，因为看重"生"的意义，所以"死"才有了解的价值。张载在《西铭》说："存，吾顺事，没，吾宁也。"他对生死的态度依照自然规律，随遇而安。同时也继承了孔子的"未知生，焉知死"的对死生的态度，认为"生"更加重要。

　　从张载的哲学思想来看，生死就是"气"的聚散。他说："太虚不能无气，气不能不聚而为万物，万物不能不散而为太虚。循是出入，是皆不得已而然也。然则圣人尽道期间，兼体而不累者，存神其至也。"人与万物都由聚气而成，既然有聚，就一定有散，这样才能保持太虚蕴化万物的平衡。

　　所以生死不靠人的意志决定，尽管人"不得已而然"，但"气"由聚则散，由散则聚，是自然规律。儒家认为人的生命过程，即使如此，自然之气聚则生，自然之气散则死，一个人如果懂得了聚散的道理，也就明白了生死的自然属性，做到兼体而不累。以"气"的聚散来阐释生死，体现了张载超脱的生死态度。

"气不能不聚而为万物，万物不能不散而为太虚。"这是儒家生死观的阐释，人死之后，气归于太虚，身体渐渐消失，则是"形溃反原"，人体和气息全都归于自然本源。

儒家的生死观显然与佛家的"轮回转世"不同。所谓"太虚者，气之体。气有阴阳，屈伸相感之无穷，故神之应也无穷；其散无数，故神之应也无数。虽无穷，其实湛然；虽无数，其实一而已。阴阳之气，散则万殊，人莫知其一也；合则浑然，人不见其殊也。形聚为物，形溃反原，反原者，其游魂为变与！所谓变者，对聚散存亡为文，非如萤雀之化，指前后身而为之说也。"

也就是说，儒家认为太虚的自然之气有阴阳之分，这些阴阳之气互相感应，生出了无数的人，也就产生了无穷无尽的"神"。当人死以后，阴阳又散成无数的气，重新感应生出阴阳，这样循环往复，永远在天地之间保持阴阳之气的平衡，因此并没有佛家三生转世之说。

所以张载认为，太虚是"气"的自然状态，"气"分成阴阳两气，屈伸相感没有穷尽，"气"的运动也没有穷尽，分散形成万物万象，各不相同，运动方式也无穷无尽。但就"气"的本质而言，"气"是湛然的，混一而不可分割。"变"则指聚散的过程，而不是一种事物变成另一种事物，在张载的哲学思想里，认为祭祀"鬼"就是归于太虚，也就是"原始反终"。

- 10 -

鬼神说：二气之良能也

张载的哲学最被人所熟知的应当是他的天道观和治学观，"为天地立心、为生民立命、为往圣继绝学、为万世开太平"的四句箴言已经被人们流传到今天，"为生民立心"的说法也已经成为了他天道观上最好的概括。但是张载的其他学说其实也有着非常高的研究价值。

我们知道，张载的气本论是建立在唯物的宇宙观上的，所以类如"鬼""神"之类的一切虚无缥缈的事物，在张载看来也就是气所存在的不同形态罢了。所以张载关于"鬼神"的观念实际上是对张载气本论思想的一种补充说明。但是往往是被研究学者所忽视的。因为虽然张载能用气本论将自己的鬼神观进行相较于完美的解释，但是很多观念被人们所推及后发现会存在一些问题或者矛盾。

因"鬼神"的本义在观念中多与宗教相关，且因每个人的观念不同，对于"鬼神"观念的认知和理解自然也是不同的。张载只是陈述了自己关于鬼神的看法，后人朱熹在对其思想的整理上，就将张载的鬼神观编入了《道体》的部分。朱熹以后的学者大多是沿着朱熹的研究方向进行学习，所以张载的"鬼神观"就归为了道学，跟道体挂上了钩。

张载一生的著作有很多，但是《正蒙》和《经学理窟》中更多的记载了张载较为系统的哲学思想。张载在《正蒙·太和篇》中写道："鬼神者，二气之良能也。"这其实是张载从孟子思想中沿用过来的一个概念。张载虽然从小接受儒家的教育，但是对于道家的思想也是有所接触的。他取用《周易》中"太虚"和"气"的概念并在此基础上形成了自己的气本论，且取用《孟子》《中庸》等书中的其他概念来为自己的思想进行补充。

良能和良知

张载所说的"良能"最早出现在孟子的观点中。在《孟子·尽心上》中孟子说道："人之所不学而能者，其良能也；所不虑而知者，其良知也。孩提之童无不知爱其亲着，及其长也。无不知敬其兄也。亲亲，仁也；敬长，义也。无他。达之天下也。"在这里，孟子阐述自己对于"良能"的定义和看法，他认为人是天生就带有一些特性的，这就是"良能"和"良知"，而这两者的区别就在于"良知"注重的是人的辨别判断能力，"良能"的意义要比"良知"大，着重在于行为实践。

但这并不要求"之"这只针对人，当"之"表现一种与生而来的特性的时候，万物皆可有良能。有许多学者也秉持着与张载相同的观点。但张载比他们更为先进的地方则表现在，张载将良能的概念与自己的气本论进行结合以后，用比良能更为抽象的"气"的概念来解释良能是"气"的活动属性这一概念范围。现在普遍认为这是道学中的一大重要发现，也是对于"良能"一词更有创新力的解释和应用。

"二气之良能"，张载在"两端说"中解释了"二气"是太虚中气的分类，气有阴阳二气之分，对于"良能"一词也有过自己的看法。但是并未完整的对"二气之良能"这一句进行过解释。宋朝的朱熹在总结理学教义和思想的时候，他就对张载的观点进行了最早的解释："屈伸往来，是二气自然能如此。"这段话可见于《朱子语录》之中。朱熹认为"良能"一词除了能够当作自然来解释，同时也具有灵妙的意思。当这两个意思进行结合之后就变成了：为生于自然且同时带有奇妙特性能力的，这也是符合伊川对于万物皆有良能这种说法要求的。

气之屈伸变化

"二气"虽然在"两端说"中进行了解释，认为是一物两体的阴阳二气。但是这是传统的说法，这里的"二气"与传统的"二气说"还是有一定的不同的。张载在《正蒙·参两篇》中讲述的"二气说"认为"一物两体，气也"，比传统的二气说其实具有更强的哲学思维性和抽象思维性。"一物两体"表达的其实是"气"里面的两种相反的性质。所以张载的"二气"其实更倾向于气的两个方面，且张载认为气的两个方面不是在存亡上产生的对立分离，而是因为这两种气所包含的两种性质不同的气是无法融在一起进行的分离。但有时他的"二气"也会用阴阳二气来进行解释。

在《正蒙·参两篇》中张载这样说道："阴阳之气，则循环迭至，聚散相荡，升降相求，絪缊相揉，盖相兼相制，欲一之而不能，此其所以屈伸无方，运行不息，莫或使之，不曰性命之理，谓之何哉？"但在这里并没有具体涉及"二气"的说法，后人将其思想进行总结后得出，张载的"鬼神"主张气的屈伸，但是气的屈伸变化主要是为了说明气的聚和散是不断循环往复的。而这种解释，不论是对气本论的思想，还是对于从古至今的鬼神观念，都有着十分重要的创新意义。

一些后世学者将以张载为代表的汉学家提出的"气生万物"，或者其他观念与当时西方哲学中的一些所谓物质进行比较，觉得两者有些相似的地方，但是对于这些汉学家们的思想，后世学者则认为是缺少物质性存在的根据的。但是张载在他的气本论中打破了这种缺陷，因为之前的汉学家们更多的是强调气在世间的运动性，但是并没有完整详细地阐述气的运动规律或者运动方式究竟是怎样的，然而张载却详细地对此进行了描述和阐释，完全可以将张载的哲学看作是古代关于气的言论中最为完整的。

鬼神终为何物

也有很多学者并不接受张载的"二气之良能"的学说观点，他们不只是从宇宙观，还有从其他哲学范围所能涉及的角度去分析的时候，发现张载的学说并不是完备到没有丝毫差错的，甚至在一些理论上还有自相矛盾的地方。清代学者钱大昕就在他的《十驾斋养心录》中批评了张载的观点："横渠张氏以鬼神为二气之良能，古人无此义。二气者，阴阳也。阴阳自能消长，岂假鬼神司之？如人一呼一吸，人自为之，岂转有鬼神为我呼吸乎！"

但我们细细分析钱大昕的观点会发现，他并未能领会"良能"这一词的实际含义，他认为"气"的消长是与鬼神无关的事情，所以才会有"阴阳自能消长，岂假鬼神司之"这样的疑问发出。但其实在道学的传统思想中，一般情况下都会将"良能"解释为气的屈伸变化，而不是我们习惯性认为的是精魄游魂的"鬼神"。还有其他的学者也有对张载的学说提出质疑和批评的，但因为每个人所站的立场不同，所秉持的思想理念也是不一样的，所以对于同一件事物每个人的看法不同或者提出异议也是非常正常的事情。

无论如何，学者都对于张载的"鬼神"观念的化用给予了非常大的重视，其实这也正是张载思想的精华所在。无论谁秉持着什么样的观点，在对张载的思想进行分析评价的时候，都应该在结合气本论的基础上，掌握张载所化用的儒家和道家中概念范畴的基本含义以后，才能更为了解张载对这些概念化用的目的。

– 11 –

宗法思想：根植于大同理想

不管是张载所体现出来的气本论中天道和人道对于人的行为礼教的约束，还是他鬼神观中对于祭祀的看法，无一不体现出礼学在张载的人生哲学中的重要性，甚至被一些学者认为是张载的关学的首要标志。

张载在自己的著作中体现出了对于宗法制的推崇。是因为张载从小接受正统儒学的教育，虽然在后来也受到了道学思想的影响，但是张载在总体上还是属于儒学思想的人。除此之外，张载对于宗法制的推崇更重视的是宗法制度对于一个国家稳定性的社会作用。他相信礼教能够让人"管摄天下人心，收宗族，厚风俗，使人不忘本，须是明谱系世族与立宗子法"。

古代世族是政治和社会生活中的重要角色，世族不但有家族长期参加国家统治的经验和深厚的家族文化积累，而且还能培养出高素质的人才来参与国家政治决策的商议。所以张载认为宗族世家的存在可以达到维护封建统治的作用，所以宗法制对于国家的意义就是为源源不断的人才提供保障。

这些思想在张载的《正蒙》《经学理窟》中都有非常明显的体现。但是后世的学者在对张载所有著作的研究中发现，最能体现张载宗法制思想的著作还是《西铭》这本书。学者姜国柱在研究完《西铭》之后，在自己的著作中这么总结他对于《西铭》和张载宗法思想关系的看法："《西铭》是一篇阐明宗法思想的著作。"因为张载在其中非常强调一个"孝"字，但是对于孝敬的对象，张载将天地这么大的对象也概括到了"父母"的象征范围内，且"孝"本来就是宗法制里非常重要的内涵之一，所以姜先生认为《西铭》所表达的，就是从维护统治的角度来讲述宗法制的合理性。

《西铭》中也非常明显地运用了许多表现宗法制的语句，比如"大君者，吾父母之宗子"，但是其实深究《西铭》的内容，其实多与传统宗法制度有着非常严重的观念冲突。《西铭》中开篇就阐述乾坤天地是最大的父母，天子君王是宗子，世间所有的人其实都是兄弟姐妹。但是这样的观点在现实生活中并不能被世人认同，更是统治阶级所反对的。而传统宗法制的观念中认为天子是所有人的君父，而天是天子的君父，普通百姓之间也有着非常规范的等级伦理纲常。但是张载又是怎样将自己的宗法观念融入传统，在《西铭》中有所体现的呢？

巩固封建"大一统"

陈俊民先生在研究完《西铭》之后对于张载的宗法思想进行了总结，得出了自己的观点："张载所幻想的'太平'和'大同'的世界是之前'天下为公'的'大同世界'，他所要求的实际就是'天下一家，中国一人''有等级之别'的宗法封建专制主义社会，其实还是想要达到巩固'大一统'的封建宗法制度的目的。"而这种思想的体现，在陈先生看来就是一个理想化的儒家通过宗法制的等级关系所建立的社会，而这个社会和《礼运》中所阐述的"大同世界"是完全不同的。

张载所提倡的关于理学的基本观点，不如说是"礼学"的体现，他想要做的，或者换种方式说，张载的目的就是为了复归周礼，建设一种"民胞物与"的世界。而通往这个世界唯一且适合的方式是通过周礼的复构来重新回归宗法制的社会。这与《礼记》中的"大同社会"是不同的，甚至要比"大同社会"还要高级，因为所谓的"大同"是建立在等级伦理制度之下的。

那我们就首先来看看"大同社会"。《礼记·礼运》说："大道之行也，天下为公，选贤与能。""天下为公"首先为整篇的文章奠定了一个思想基础：连天子的天位都不是他所能完全拥有的，那么就需要"选贤与能"来共同维持这个社会的运作发展。这样就是要建立一个反对家天下，统治权在有德行的人之间相互传承的一个君主权利的社会，像是脱离了儒家本意要建立一个人人平等的理想社会，但其实这才是儒家所提倡的真正的大同社会。

郑玄曾经对这句话做过注释："公犹共也，禅位授圣，不家之。"所以真正的大同社会所说的其实就是禅让制在政权更迭中起到深刻作用的社会，但是这个社会比古代社会的时候更强调了儒家等级，对于这个社会最贴切的思想复归就是"民胞物与"的思想。

"民胞物与"

禅让制与宗法制最大的特点就是政权交接方式的选择。在宗法制社会中，对于一个国家的政权掌控是在一家一姓之内完成的，父死子继，兄终弟及。但是在禅让制的社会中，政权的交接人不一定非要是前一任的子孙或者一家的亲戚，而是在这个政权力所能控制到的社会范围内任何最被大家公认的具有高尚德行的一个人。

这就是禅让制所影响下的社会政治，张载把它拿来作为自己"民胞物与"思想的政治根据。因此在张载的观点中，有德行者的即位和宗法制内的等级伦理其实也并不矛盾，所以宗法制中的嫡长子继承与禅让的祭祀，张载也会一并地继承过来。

张载反思周文王在选择下一任继承者的时候，并没有选择伯邑考而是武王即位的问题上，从禅让制的角度去思考所得出的结论，认为文王觉得伯邑考的德行还不够足以继承大统，武王虽然是次子，但是品行修养却十分之高。这种判断标准不仅是在大统即位问题上有所体现，更是在做官或者普通人家的祭祀者的选拔上也有所体现。

普通世族人家中若是能被选拔出来做官的，一定是德行高尚的人，而这样的人身份虽然不一定是世族的嫡长子，但是来继承家族祭祀一定是没有问题的，这种思想是完全符合儒家的逻辑思维的。这虽然是对禅让制度的一些变化，但是张载认为这样也是合乎礼制的。在《西铭》中写道："今日大臣之家，且可方宗子法。譬如一人数子，且以嫡长为大宗，须据所有家计厚给以养宗子，宗子势重，即愿得之，供宗子外乃将所有均给族人。宗子须专立教授，宗子之得失，责在教授，其他族人，别立教授。仍乞朝廷立条，族人须管遵依祖先立法，仍许族人将己合转官恩泽乞回授宗子，不理选限官，及许将奏荐子弟恩泽与宗子，且要主张门户。宗子不善，则别择其次贤者立之。"

　　所以我们也能看出来张载的"择有德者来继承祭祀"也是有一定条件存在的。但张载其实最痛心的则是《礼记》中所描述的隐匿的"大道"。张载要复归周礼，就是要以是否有德行为标准来进行对于择人祭祀的选拔，目的就是为了将隐匿的大道彰显出来。

"民胞物与"和"宗法制"

　　总体来看"民胞物与"思想与大同社会之间的关系，认为是干支和源流的关系。民胞物与思想所要达到的就是人人平等，并没有什么差异和特别的地方，天子也不例外。而大同社会中的所有人都是以德行的高低为标准来进行选拔的，所以我们也可以将"民胞物与"的思想视为是在《礼记》大同思想中萌生并发展而来的，大同思想所主张的就是宗子才能够祭祀上天的宗法思想。

　　张载在自己的宗法思想中讲述得这么复杂是有深刻意义的。首先是要通过用宗子祭天的这一行为方式来表达自己支持周礼的立场，是宗法制核心思想的一种表现。再者就是阐明自己并不是反对等级制度的观点，而是通过气本论的方法拉近了人与人之间的关系，消除了人与人之间的差异，从而才能更好地使人认识到自己在这个世界的任务和本职，更好地完成社会分工。最后，张载强调"民胞物与"并不是与儒家思想冲突的，而是符合理想宗法制社会而存在的，人人都要修养自己的德行，这样才能对社会和这个世界有着更好更合时宜的贡献。

　　宗法制思想在张载的思想中占有如此重要的地位，是因为张载认为这样更利于有德行修养的受儒家思想所影响下的贤者，可以更好地实现明治天下的理想。而张载申明自己支持周礼的原因，是因为礼制的重建对于宗法制度在社会作用中会有更大的影响。张载的思想看起来虽然是与传统宗法思想所相互违背，但其实这才是张载的宗法思想中最重要的内在价值所在。至此，张载所提倡的一切观点都还是为"为天地立心，为生民立命、为往圣继绝学、为万世开太平"这著名的四句箴言中所蕴含理想进行的构思。

第八课

自然观

不知张子，又乌知天？

清末"戊戌六君子"之一的谭嗣同曾说过这样一句话："不知张子，又乌知天。"作为人文学者，张载在对儒家学说和《周易》的研究中建树丰硕，除此以外，在自然科学的研究上，张载同样有着卓越的成绩。他突破了地心说，并提出了天体左旋右旋说，还以气化论解释天文历算地理现象。张载是中国哲学史上第一个建立了比较完整的气一元论哲学体系的学者，由此开辟了我国朴素唯物主义哲学的新阶段。他还是中国哲学史上第一个从思维与存在关系的哲学理论高度批判佛教唯心主义的哲学家，维护了儒家的思想地位，对后世的哲学思想发展产生了深远的影响。

- 01 -

乾坤与阴阳

作为《正蒙》全书的总纲的《太和篇》，对"太虚"与"气"是交叉论述的。这种交叉性的论述方式表现了张载的虚气相即原则，若从整个《正蒙》的理论架构来看，可看出本体论与宇宙论的并建关系，即太虚与气就是这两个系统各自的逻辑出发点。

确定了不同逻辑出发点后，其本体论和宇宙论主要是乾坤和阴阳这两个系统，二者不同的系统和属性的展现，使得本体论与宇宙论以各自不同的方式来实现。

阴阳是"一物两体"的宇宙论的展开。这种观点源自《易》，将《周易》的乾坤并建上升到本体论与宇宙论并建，也是把《周易》中乾坤与阴阳的统一提升到本体论和宇宙论的统一。

本体论和宇宙论

《周易》中，乾坤属《易经》之八卦系统，阴阳属《易传》之太极系统。就人类认识的历史来讲，先有对客观事物阴阳之理的观察，才会依据从中的认知创造出乾坤八卦。但因为《易经》形成的特殊形式，所以在《周易》中，反倒是先有乾坤八卦的创生系统，之后才出现阴阳之解释系统。因为二者都有创生的功能，所以形成了乾坤阴阳这两个不同的创生系统。

《周易·彖》记载："大哉乾元，万物资始，乃统天。云行雨施，品物流行。

大明终始，六位以成。"又云："至哉乾元，万物资生，乃顺承天。坤厚载物，德合无疆。含弘光大，品物咸亨。"这对万物的"资生""资始"，就是乾坤创生作用的表现。

至于阴阳的创生，就是"《易》有太极，是生两仪。两仪生四象。四象生八卦。八卦定吉凶，吉凶生大业"式的创生。抑或是"日往则月来，月往则日来，日月相推而明生焉。寒往则暑来，暑往则寒来，寒暑相推而岁成"。如此创生，张载言之，乃为"游气纷扰，合而成质者，生人物之万殊；其阴阳两端循环不已者，立天地之大义"。

从实然角度来看，不管是乾坤的创生还是阴阳的创生，其实都是一个创生。若仅是阴阳的创生，则会"仁者见之谓之仁，知者见之谓之知"。在这种情况下，只有乾坤才给了阴阳以秩序的贞定。"天尊地卑，乾坤定矣。卑高以陈，贵贱位矣。动静有常，刚柔断矣。"

显然，阴阳之生是自然的生，只有乾坤之生，才是"天秩天序"的生。所以，阴阳之生属于实然的宇宙论，乾坤之生属于本然的本体论。

张载"以易为宗"的哲学创造中，乾坤与阴阳得到了他的并重。太虚与气是张载的本体论与宇宙论的原始概念，而乾坤与阴阳是这一"原始"的逻辑展开。从发展角度来说，阴阳是太极元气的"一物两体"；乾坤是太虚本体的"一物两体"。

乾坤阴阳的渗透关系

乾坤与阴阳的关系就像是太虚与气那样相即不离，乾坤与阴阳是一种相互渗透、诠释的关系。这种相互渗透和诠释，表现出本体论与宇宙论具有超越性和统摄性的纵向关系，并不是乾与坤、阴与阳其中的横向平列关系。

张载论乾坤与天地，不从"无形"的角度来把握，而是从象、形的角度来把握的。张载言："阴阳之气，散则万殊，人莫知其一也；合则混然，人不见其殊也。形聚为物，形散反原，反原者，其游魂为变乎！所谓变者，对聚散存亡为文，非如萤雀之化，指前后身而为说。"

这里所说的"万殊""混然"，都是指有形；而"形聚""形散"，指的是形变。可见这是一种实然的角度。所谓的"聚散存亡"，就是指宇宙生化之流了。

乾坤与阴阳属于不同的系统，它们的关系主要体现在这同一生化过程中，这主要表现在两个方面：其一，从乾坤来看，是对阴阳生化的一种主宰和贞定。"先立乾坤以为《易》之门户"，说的就是乾坤对阴阳生化的贞定与主宰。关于乾坤对阴阳的主宰关系，张载言："乾于天为阳，于地为刚，于人为仁；坤于天则阴，于地则柔，于人则义。"由此可知，天地万物之阴阳、刚柔、仁义诸性，先是乾坤渗透其中的表现。

其二，从阴阳来看，阴阳二气是乾坤显现其天德的实然基础。如"地纯阴凝聚于中，天浮阳运旋于外，此天地之常体也。"这里的天地之常体乃是由阴阳之凝聚和运旋而生成的。

如此，乾坤与阴阳的相互渗透与相互诠释，似乎表现了一种相互循环的关系，一方面，乾坤落实且内在于阴阳之中。另一方面，阴阳又是乾坤之德得以展现的基础。那么，在这一项相互渗透的"循环"中，张载所要突出的是乾坤对阴阳、天德对天道的渗透与主宰。

天德的超越性

虽然张载的乾坤与阴阳、本体论和宇宙论是相互渗透和相互统一的，但在二者不可分割的统一中，张载又有着明确的侧重。这对于已被分开的本体世界和生化世界而言，又是一种选择和新的统一。《天道》记载："谷之神也有限，故不能通天下之声；圣人之神惟天，故能周万物而知。世人之道之自然，未始识自然之为体尔。天德，然后天地之道可一言而尽。贞明不为明月所眩，贞观不为天地所迁。"

显然，在这所有的自然和实然现象当中，张载坚持天德的主宰和超越性，这正是乾坤超越阴阳和本体论宇宙生化的表现。因此，虽然张载的天道本身即是乾坤与阴阳、本体论与宇宙论的统一，它的根本指向在于透过阴阳生化来把握天地之德，通过宇宙变迁来把握天道之本体。所谓"四时行，百物生"的天道便是在天德贞定主宰下的阴阳生化。

在此，阴阳成为乾坤的表现，张载通过宇宙生化来展现天道本体，用天道本体来贞定宇宙生化。他超越了阴阳生化演变的汉唐儒学，也超越了追求个体生长的道教，还超越了阴阳生化的宇宙论和整个实然的向度，从而达到对天道本体的把握。

张载并未如佛教那般"一意寂灭"，走向对实然宇宙的否定。而是把天道本体注入到宇宙生化的过程当中，给宇宙变迁之流以天道本体的贞定。此举使得实然宇宙走出见仁见智而杂乱无章的境地，不仅是人们心灵关注下道德秩序的反射，也变成了天心天德和天道本体的宇宙观展现。

相比先秦儒学，道德走出人生领域；相比佛教，本体界和现象界真正走向统一。张载"以易为宗"的哲学创造，最终在乾坤与阴阳的相互渗透与相互统一上得以确立。

－ 02 －
一体两面：乾坤即天地

乾坤和天地到底有何不同？这个问题在探究张载天人关系中是不可回避的。为何言乾坤而不言天地，其实，张载在《易说》中曾有过这样的解释："不曰天地而曰乾坤者，言其用也。乾坤亦何形？我言神也。"

乾坤的阐释

在《易说·系辞上》中有这样的记载："乾之四德，终始万物，迎之不见其首，随之不见其后，然推本而言，当父母万物。"由此可知，这里所说的功用就是指生化、成就万物的神秘力量。张载使用老子形容道家思想的语言来解释功用，正符合这种力量是宇宙根本的深层意义。

乾坤不仅能够从功用层面来理解，还可以从形质来诠释。张载说："乾坤亦何形？犹言神也。"有没有形，是否可见，这是中国思想家们谈论很多的话题。何晏在《道论》中提到："有之为有，恃无以生；事而为事，由无以成。"《无名论》中还有这样的记载："夫道者，惟无所有者也。"张载所认知的乾坤无形，其实就是这个道理。

在形式上，张载也认为它是无形无象，正所谓"性通极于无，气其一物尔"。张载不满足于此般虚幻无形，他赋予"无"以实在的意义。他提出"以易为宗"，从中发现并提出了乾坤的具体形式。"乾知"以及"坤能"能够展现万物生化的因由与方式，这种方式的力量早于天地，我们难以知晓它的神秘，故被称为"神"。张载所说的"散殊而可象为气，清通不可象为神"很好地说明了这一点。

张载言："天包载万物于其内，所感所性，乾坤、阴阳二端而已，无内外之合，无耳目之引取，与人物蕞然异矣。"这一说法表明了天地其实就是天，而乾坤是天的一个属性。

关于天包容万物的观念，张载继承了浑天说，他主张天包乎地。如："日月五星，逆天而行，并包乎地。""天大无外，故有外之心不足以合天心。"在张载的思想意识里，天应该是怎样的呢？他说："人鲜识天，天竟不可方体，姑指日月星辰处，视以为天。"由此可知，张载对当时人们对于天地的认识并不满意，仅仅将有形的日月星辰当作"天"，虽然这种方式比较容易让人理解，但是真正的上天不只是日月星辰的这样的有形体这么简单。

那么，天究竟是怎样的呢？人所意识不到的真正的天又是怎样的呢？《天道篇》中有如此记载："化而裁之存乎变，存四时之变，则周岁至化可裁；存昼夜之变，则百刻之化可裁。"《神化篇》中又有如此说法："神无方，易无体，大且一而已尔。虚明照鉴，神之明也；无远近幽深，利用出入，神之充塞无间也。"通过历史史料记载我们可以得知，通过肉眼看不到的东西并不是真的不存在，正如《易说·系辞上》所言："不见者非无物也，乃是天之至处。"

化而裁之存乎变。这讲的是化育万物裁成天地，有四时昼夜的变化。这是上天生化万物的表现，也是"神，天德；化，天道。"的本意，这是从神之功用方面而言。张载说过："乾坤，言其用也。"也是这个功用。再者，神是气中极清通者，所谓"清通不可象者为神"，因此神是无方所、无形体的。

神是气中固有的灵性，故神有"虚明照鉴"的能力，此般说法乃是从神的灵性方面来讲。另有说法，天是不由感官认识的"至处"，这事实上就是说天理和天性。

综上所言，我们可以说崇高的天并不是单一的日月星辰这样直观的表层现象，天是生化万物和洞察一切的主宰，这种说法就是天具有一物两体的双重含义。换言之，在天的意义上，一是形而上的理解，正所谓"由太虚有天之名"，因为天流通于万物之中，所以可以变成一种本性的存在，但同时又具有"虚明照鉴"、作为生化万物的主宰的存在。

乾坤与天地

另一种说法就是通常我们所说的形而下的有形的"天地"。张载的研究以及他的种种论断就是要把这几种具有不同内涵的"天"进行分层，把各自对应具体含义逐条展示出来。当张载单独说"天"时，"天"指的是我们头顶的昊天元气，就是日月星辰的所附丽者，和天地并举含义中的"天"是一回事。

在讲述万物之本性和本源时，就称"天"为"太虚"。在说虚明照鉴之超越者时，便将"天"称为神、帝。提及万物所因天而生之原因、气化流行之功用时，"天"一词就被言之为"乾坤"。其实，这四者代表的是同一个天。

因此，在《西铭》中的有关记载里，并不是不言天而单单讨论乾坤和父母，则以天的基本属性，即乾坤，来指代生化万物的大父母，也就是"天"。《易传》中的记载："乾，天也，故成乎父。坤，地也，故成乎母。""乾为天，为圜。为君，为父。……坤，为地，为母。""有天地，然后万物生焉。"如此记载所言就是这个道理。

将乾坤指代父母，在很早就有这样的观念。但从《说卦》《序卦》的表述方式来看，乾坤仅仅是为了凸显其自身作为天地万物本源的性质。张载基本继承这一观点，从内在功用作出解释。天地和父母在繁育子孙的功用上具有一致性，因为乾坤具有繁育万物的功用这一性质，所以用"乾坤"来代替"天地"，其目的就是为重点凸显繁育万物这一价值，同时也是以天地的这种属性来彰显天地生化万物具有大功德的方式。

乾坤"言其用"，这是从它生化万物方面来讲。"尤言神"，便是从上天所指代的意义来说的，就像神那样是无形的、超然又神圣的。乾坤之用乃天之用，乾坤之神乃天之神。由此，《西铭》其实讲述的乃是劝导世人崇奉上天，因为上天是生化万物的父母。

– 03 –

宇宙演化论：天地从虚中来

天地从哪里来？天地是否本就如此是一个困扰世人的难题。张载提出了前所未有的宇宙演化论，张载说："天地从虚中来。"在他看来，天地之生乃是太虚之气运动的结果。

张载把宇宙空间归结为两大类，即为可状之物和不可状之物。他曾经说："凡可状，皆有也；凡有，皆象也；凡象，皆气也。"这说明可状的实有之物是无形之气的种种凝聚。张载还认为"气之为物，无形无状，弥漫于太虚，而与之为一。"

那么由此说来，太虚就是气之体。因此，他的观点我们就清楚了，即气是万物的本源，是气统一了世界。《正蒙·太和篇》中记载"太虚无形，气之本体，其聚其散，变化之客形尔。"可见本体就是指初始、永恒和整体，而客体是说某时、局部。这二者间形成的关系为"太虚不能无气，气不能不聚而为万物，万物不能不散而为太虚。"（《正蒙·太和篇》）如此可见，自然界便是指气的聚散变化。

气是宇宙本体和万物根源

第一，物质性。张载有言："知太虚即气，则无无。""无无"并不是指空无所有，而是指气是实有之物，太虚是实有之物。这都说明了气具有物质性。

第二，运动性。张载言："气块然太虚，升降飞扬，未尝止息。"这一观点表明气在太虚中的运行是永无休止的。

第三，一物二体性。在《横渠易说》中记载："一物二体，气也。"二体，又叫二端，是指阴阳。"造化所成，无一物相肖者，以是知万物虽多，其实一物；无无阳阳者，以是知天地变化，二端而已。"张载认为在气分化为阴阳以后，气内部的对立面就会产生相互作用，从而引起种种变化进而生成万物。

第四，滋生万物性。第三就说到了这一点，他认为气在生成万物的过程中，有渐化与著变的区别，即是量变和质变的区别。

第五，清湛性。《正蒙·太和篇》记载："太虚为清，清则无凝，无凝故神。反清为浊，浊则聚，凝则形。凡气清则通，昏则壅。"张载认为气之质地清湛，清澈通明才会让运动没有障碍，才会随境变化，没有止境。在此前的气论观点中，学者都认为分为阴阳的原始之气是混沌之状。而张载的不同之处就在于，他认为生化阴阳的原始之气具有清湛性。即阴阳之气和天地之气都是有清浊之分的。他将浊气看作碍，来说明万物的形成。这是基于传统本原之物不同于其所滋生万物的学说。

第六，无形性。《正蒙·太和篇》中提到："太虚无形"。可以得知，太虚是否有形状在于它的空间有无际涯。

第七，时空无穷性。张载在《正蒙·太和篇》与《横渠易说·系辞传》中都提出："天大无外"。无外之天不会被其他更大的事物所包容了，在空间上有没有际涯，不能用某种形态来描述它的体态。然而，"虚者，天地之祖，天地从虚中来。"天并非宇宙的最初的状态，天来自虚。

张载在论述"虚空即气"时提出："若谓虚能生气，则虚无穷、气有限，体用殊绝，人老氏有生于无自然之论，不识所谓有无混一之常。"这里所否定的不是虚无穷，而是气有限。由此说来，虚也是没有穷尽极限的。他从"虚无穷"着手，认为虚空是气，从而认为气也是无穷的。

张载以此观点来反对老子的虚空生气，否定气有限的说法。虚空即是气的无有穷尽性，由此不难得出，由气产生的天也在空间上的无边无际、无限大并且是没有穷尽的。张载还用太虚"莫究其极"的无穷性的观点，来反对佛教的观点——天地有穷论。张载说佛教"尘芥六合，谓天地为有穷也。"之所以如此，是因为"梦幻人世，明不能究所从也"。

太虚天地无穷

天地无穷，并不是指地与天一样没有穷尽，而是指包容地的天是无穷的，这点能够从张载的宇宙结构学说中得以证实。太虚之莫究其极，不仅表现在空间上，也体现在时间上。张载并未直接论说太虚在时间上的无始无终性，但他通过多次论说气的运动"未尝止息"，间接地表达了时间的无有始终。任何运动都是在时间和空间中发生的，时间流逝通过事物运动来展现。气运动的没有止息正是时间的无有始终的体现。因此可知，张载认为太虚或气在时空上是无穷的。

张载认为，从原始太虚到人类所见的天地，存在一个生成的过程。天地之生是太虚之气运动的结果，絪缊之气是"虚实动静之机，阴阳刚柔之始。"《正蒙·参两篇》记载有："地纯阴凝聚于中，天浮阳远施于外，此天地之常体也。"宇宙论的观点是气分化为阴阳，二者在空间的位置为：浮而外者阳之清，降而中者阴之浊。上下与中外有明显的区别，前者是盖天说，后者为浑天论。

张载认为，天地形成的重点是地的形成："地，物也；天，神也。物无逾神之理。顾有地，斯有天，若其配然尔。"在天地形成之后，宇宙继续生化，又生成日月星辰。据《正蒙·参两篇》论述，宇宙中的阴阳之气之精，只有互藏其宅，才各得所安，从而成日月。阴之宅为月，乃以月为固质而为固态，阳之宅为日，是以日为异于地之气态。他又以阴阳学说，说明雨雪风雷、金木水火、生物和人的生成及其性质。

总而言之，张载眼中从太虚演化而成的宇宙，是一个有次序的生化过程。他提出"生有先后，所以为天序""天之生物也有序"。尽管张载的宇宙演化说与实际情况有很大的出入，但是我们能够从其中看到合理的部分。即宇宙并非是向来这般抑或是一成不变，它是经过一系统变化的结果，是变化着的物质之流。张载将阴阳的对立统一视为宇宙变化的动力，虽说看法过于朴素，但从物质内部的原因多加分析，较之外在的精神力量而言，也有一定的可信性。

张载以《易传》为思想根据，借鉴道、儒、阴阳等多家见解，提出自成一家的太虚即气的自然观。作为儒学大师首次提出的系统完整的自然观，足以与佛道学说相抗衡，这一重要论断将我国古代自然观提升到了一个新高度，奠定了理学的宇宙论基础，为宋元明清儒家学者们批判佛道两教及其唯心主义提供了重要的哲学理论，是我国古代唯物主义学说发展史上的里程碑。

- 04 -

星辰河汉：天系与地系

何为"星辰河汉，天系与地系"？了解过张载著作及其哲学思想的人也会感到困惑。因为如果单纯地从张载的著作及其理论体系中《正蒙》的理论构架来看，它们主要是论述了一种本体论与宇宙论并建的关系，而太虚与气便是这两个系统各自的逻辑出发点。而我们所要讨论的，星辰河汉与天、地之说自然也包含在这其中，所以我们并不能断章取义的来讨论日、月、星辰与天、地这些具体的事物。

本体论和宇宙观的展开

那么本体论和宇宙论究竟是以怎么样的方式展开的呢？应当说这主要就是乾坤与阴阳两个系统，正是这两个不同的系列及其属性的展现，使其本体论与宇宙论以各自不同的方式得以实现。如果说阴阳即是太极"一物两体"的宇宙论式的展开，那么乾坤便是太虚本体的天地表现与"三才"式的展开。

《周易》中写道："大哉乾元，万物资始，乃统天。云行雨施，品物流行。大明终始，六位以成。""至哉坤元，万物资生，乃顺承天。坤厚载物，德合无疆。含弘光大，品物咸亨。"这种对万物的滋生，滋始，便是乾坤创生作用的表现。至于阴阳的创生，则是所谓《易》有太极，是生两仪。两仪生四象，四象生八卦。八卦定吉凶，吉凶生大业"式的创生。或者如"日往则月来，月往则日来，日月相推而明生焉。寒往则暑来，暑往则寒来，寒暑相推而岁成。"

这样的创生用张载的话来说，就是"游气纷扰，合而成质者，生人物之万殊；其阴阳两端循环不已者，立天地之大义"。那么这是否是说有两套完全不同的创生系统呢？显然不是。从实然的角度说，无论是乾坤的创生还是阴阳的创生，实际上都是一个创生，而乾坤只是给阴阳以秩序的贞定，如"天尊地悲，乾坤定矣。悲高以陈，贵贱位矣。动静有常，刚柔断矣"。

显然阴阳之生是自然的生，乾坤之生则属于本然的本体论。当然，这里所谓本体论与宇宙论，实际上只是人对生化现象不同认识的产物。比如，当从本然的角度把握万物之生时，所看到的便是乾坤的作用；而如果从实然的角度把握万物之生，其所见的便只能是阴阳二气的聚散。在张载看来，前者属于本体论，后者则属于宇宙论。

在张载"以易为宗"的哲学创造中，乾坤与阴阳正像太虚与气一样得到了他的并重。太虚与气是他的本体论与宇宙论的始发概念，而乾坤与阴阳则是这一始发概念的展开。从发展的角度来看，阴阳是太极原气的"一物两体"。而乾坤与阴阳的关系正像太虚与气的相即不离一样，乾坤与阴阳也是一种相互渗透与相互诠释，表现的是本体论与宇宙论具有超越性与统摄性的纵向关系而不是乾与坤，阴与阳之间的横向平列关系。

对乾坤的理解

张载是如何理解乾坤的呢？他说："不曰天地而曰乾坤，言天地则有体，言乾坤则无形，故性也者，虽乾坤亦在其中。"所谓"不曰天地而曰乾坤"，说明他正是从与实然天地对扬的角度来把握乾坤的，所谓"体"则指质体形体之体而非体用之体；而"乾坤"无形的特色则正显现了张载形上的视角。至于"性"则是作为万物之一源的性，而非具体的人性、物性，可以说是太虚流行发用的主体化表达，所以说"虽乾坤亦在其中"，更何况是日月、星辰与天、地这些包含于乾坤之内的实物呢？

　　很明显，"人鲜识天"以及"天竟不可方体"，正说明张载是从本体的角度来把握天的。至于"姑知日月星辰处，视以为天"以及"阴阳言其实，乾坤言其用，如言刚柔也。乾坤则所包者广"都说明他是以实然指代并包含本然的。那么，对于乾坤既以"神"言，又以"用"言，说明了什么呢？所谓"神"，自然是从其"无形"而"神妙莫测"而言的，而"用"则是指乾坤是太虚本体的发用而言的。这说明乾坤正是太虚本体之天地表现或天地向度的发用。

　　乾坤属于张载本体论的系统，是太虚本体的天地展现。张载论阴阳与乾坤正好相反，他不是从"无形"或"性"与"神"的角度来把握，而是从象、形的角度来把握的。他说："阴阳之气，散则万殊，人莫知其一也；合则混然，人不见其殊也，形聚为物，形溃反原，反原者，其游魂为变乎！所谓变者，对聚散存亡为文，非如萤雀之化，指前后身而为说。"这里所谓的"万殊""混然"，都指有形而言；而"形聚""形溃"，又指形变而言。这正是所谓"阴阳言其实"，也显然是一种实然的角度。

　　正是因为乾坤与阴阳虽属不同的系统而又形成于同一过程，因而他们的关系也就主要体现在这同一的生化过程中。从乾坤来看，它就存在且表现于阴阳生化的过程中，可以说是对阴阳生化的一种主宰与贞定；关于乾坤对阴阳主宰与渗透的关系，首先是乾坤渗透其中的表现，或者说其之所以表现出阴阳、刚柔、仁义等诸多性质，正是乾坤使之然。

— 05 —

理学自然观：一阴一阳之谓道

"道"本是道家老子的理论，是道家老子对世界的起源及世间万事万物道理的一种概说，所谓"道生一，一生二，二生三，三生万物"，便是这个道理；而在张载的自然哲学中，则用"阴""阳"的概念代替了老子的"道"，而且张载的"阴""阳"学说不仅是对老子的"道"的思想的一种简单沿袭，而是一种批判的继承与相应的发展。

张载关于自然哲学的观点与思想，主要在其作品《正蒙》中体现，《正蒙》一书以《太和》开篇，也是以《太和》作为全书的总纲。从《正蒙》的理论构架来看，它主要表现了张载的"虚气相即"原则，体现出了一种以"太虚"为本体论、以"气"为宇宙论的并建的自然观。而"本体论"与"宇宙论"主要是乾坤与阴阳两个系统。

一物两体

如果说乾坤是太虚本体的天地表现与"三才"式的展开，那么阴阳便是太极"一物两体"的宇宙论式的展开。在《易经》里，将《周易》之乾坤并建提升为本体论与宇宙论的并建，将《周易》乾坤与阴阳的统一提升为本体论与宇宙论统一的表现。在《周易》里，乾坤属于《易经》的八卦系统，阴阳则属于《易经》之太极系统。

其实，就人类认识事物的先后顺序而言，应该先有对客观事物阴阳之理的俯仰观察，然后才有依据这一认识成果的乾坤八卦的创造，但由于《易经》形成的特殊形式，因而在《周易》中，反倒是先有乾坤八卦的创生系统，后才有阴阳之解释系统。由于这两个系统均具有创生的功能，因而也就形成了两套不同的创生系统，这里我们主要介绍"阴阳"的创生系统，"《易》有太极，是生两仪。两仪生四象。四象生八卦。八卦定吉凶，吉凶生大业"式的创生，其意为：在《易经》中有太极一说，太极衍生出了两仪，两仪衍生出了四象，由四象推出了八卦，八卦可以决定事物的吉凶，而吉凶则生成了世间万事万物的道理。或者如"日往则月来，月往则日来，日月相推而明生焉。寒往则暑来，暑往则寒来，寒暑相推则岁成。"这样的创生用张载的话来说，也就是"游气纷扰，合而成质者，生人物之万殊；其阴阳两端循环不已者，立天地之大义"。就是说：太阳落下了，月亮就升了上来，月亮渐渐隐去了光辉，太阳就又升了起来，太阳和月亮循环往复的升落就有了白天与黑夜。寒冷的天气过去了，炎热的天气渐渐就来了，炎热的天气逐渐变凉，然后寒冷的天气又一次到来，严寒与酷暑这样循环往复，那么一年的时间就过去了。

张载的解释是：各种游离的气体纷纷扰扰，最终形成实质，就形成了天地间不同的人与不同的事物；阴阳二者的循环往复，永不停息就确定了天地之间万事万物所形成和存在的道理所在。

显然这两套系统是有共同之处的，那么为什么不以阴阳的创生系统或者以乾坤的创生系统其中之一来统一这两个系统呢？因为，如果仅仅是阴阳的创生，就会出现"仁者见之谓之仁，智者见之谓之知"的情况。

给阴阳以秩序

为了避免这种情况的出现，所以用乾坤给阴阳以秩序的贞定。如在《周易·系辞上》中说道："天尊地卑，乾坤定矣。卑高以陈，贵贱位矣。动静有常，刚柔断矣。"显然，阴阳之生是自然之生，只有乾坤之生才是"天秩天序"的生。所以，阴阳之生属于实然的宇宙论，乾坤之生则属于本然的"本体论"。

当然这里所谓的"本体论"与"宇宙论"，实际上只是人对生化现象不同认识角度的产物。比如，当从本然的角度把握万物之生时，所看到的便是乾坤的作用，当从实然的角度把握万物之生时，看到的便是阴阳二气的聚散。张载认为前者属于本体论，后者属于宇宙论。

不过在张载"以易为宗"的哲学创造中，乾坤与阴阳正像太虚与气一样得到了他的并重。对他来说，太虚与气是他的本体论与宇宙论的始发概念，而乾坤与阴阳则是这一始发概念的逻辑展开。从发展的角度来看，阴阳是太极原气的"一物两体"，而乾坤则是太虚本体的"一物两体"。那么乾坤与阴阳的关系如何呢？应当说正像太虚与气的相即不离一样，乾坤与阴阳也是一种相互渗透、相互诠释的关系。

张载对乾坤的论述，主要是从"无形"或"性"与"神"的角度来把握的；而他对阴阳的论述，则与对乾坤的论述恰恰相反，正是从"象""形"的角度来把握的。他说："'阴阳'之气，散则万殊，人莫知其一也；合则混然，人不见其殊也。形聚为物，形溃反原。反原者，其游魂为变与！所谓变者，对聚散存亡为文，非如萤雀之化，指前后身而为说。"

它的意思是：所谓的阴阳之气，如果消散了，那么就会各不相同，没有人能够看出它们的相同之处；如果聚合，那就浑然一体了，因此大家也看不出它们的区别和差异来了。气的形体聚集在一起就形成了物，物的形体溃散了就又返回了原来气的状态，返回了气的状态之后，它游离的魂魄也会发生变化。而这种变化，对于万事万物和人来说，并不是像萤火虫变成了鸟雀一样，这只是一种人或物前后不同状态的转化。

这里所谓的"万殊""混然"，都指有形而言；而"形聚""形溃"又指形变而言。这正是所谓"阴阳言其实"，也显然是一种实然的角度。至于所谓"聚散存亡"，又显然是指宇宙生化之流，所以又说："气有阴阳，屈伸相感之无穷，故神之用也无穷；其散无数，故神之用也无数。虽无穷，其实也湛然；虽无数，其实一而已。"显然，无穷无数的"屈伸相感"与"聚散存亡"，正是阴阳在实然的生化之流必须归本于"湛然"之"一"，即说明阴阳两端是一切形下之物——实然宇宙的创生之因，又说明这一实然的生化之流必须归本于太虚这一本然之体。

从阴阳的角度来看，阴阳二气又是乾坤得以显现其天德的实然基础，也是天地万物的实然生成者。如"地纯阴凝聚于中，天浮阳运行与外，此天地之常体也"。这里的天地之常体恰恰是通过阴阳之凝聚与运旋而得以生成的。再比如日之长短、月之盈亏以及地之升降，也都需要阴阳二气的运作来说明，而天地万物也无不以阴阳二气以成其形，聚其质。

如"游气纷扰，合而成质者，生人物之万殊；其阴阳两端循环不已者，立天地之大义"。这里的"天地之大义"，可以说就是天地万物的生化之理或生化原则。当然，作为"天地之大义"，本身已有乾坤作为刚柔、尊卑渗透其中，但阴阳二期的实然基础作用则是不可否认的。不仅如此，在《横渠易说》中，张载对各种关于人事休咎的卦象，也都予以阴阳配位的说明，如"以阴居阴""以阴居阳"、"以阳居阴""以阳居阳"等，这说明在张载看来，阴阳不仅是天地万物的生化基础，而且对人事之吉凶险恶及其转化，也有直接的作用。

最有意思的是，对于君子、小人以及人性之刚柔等，张载也同样给以阴阳与时位式的分析，虽然阴阳不足以说明人的全部生活，但在张载看来，其基础作用也同样是不可否认的。这说明阴阳同时又是乾坤之德得以实现的基础，而所谓君子的"与时消息"乃至"保合太和，健利且贞"，又都是自觉地顺阴阳之理的结果。而这些与今天所流传的"阴阳"之说又有千丝万缕的联系。我们常见街边路旁，或者是网上的一些风水大师、五行八卦等，各种鱼鱼龙混杂的所谓算命、看风水之说，大多都是以《周易》里的只言片语来蛊惑人心。

总体来说，就是张载用"阴"与"阳"代替了道家所谓的"道"，来定义万事万物或人所形成、存在以及不同的状态。

生生万物，皆有内在机制

在张载看来，世间的万事，万物包括人在内都有它内在的机制，而这个内在的机制又是统一的，那么，这个内在的机制到底是什么？张载在他的著作《正蒙·诚明篇》中说："性者万物之一源，非有我之得失也。"就是说"性"是万物的源头，源来、而不是我个人臆测或凭空想到的。而这里所说的"性"并不是我们所理解到的事物的性质、特性等，它是一个复杂的概念。

要了解"性"，我们首先要了解张载的哲学理念与哲学思维。从张载的一些哲学理念中我们了解到，从范围大小的角度来看，"道"是高于"性"的，而"道"是气化的，因此性自然包含于"气"之中。但是，"气"的性质和内含由于阐述的比较清楚，就显得单一而明了，而"性"则是一个亟待明确的概念，特别是它所包含的范畴。

"性"之内涵

众所周知，自孔孟以后，荀子，杨雄，董仲舒下至韩愈，李翱每个人都提出过自己的性论，这就需要有一个概念来对其作出一个统一的规定；另外，从人的角度或"人道"的角度来看，所谓"天人合一"其指向，也不得不在"性"的角度加以落实，人生中的"大中至正之矩"也只能从对性的规定这一基础理念开始起步。

从对前人继承的角度来看，张载对"性"的思考与讨论主要是受到孟子的影响。程颐曾称赞张载为"孟子后一人"，而作为一个纯正的儒士，张载也恪守"以孔孟为法"的准则。但是张载的性论并不只是对孟子性论的简单继承：孟子关于性的论述有"天之所赋"与"尽心则知性知天"，但是对于一个人来说，"天"始终具有超越在上而又不可企及的意义，这都表明了"尽心则知性知天"的缺憾与不足，这里，"性"虽有超越的意义，但是超越的根据却比较模糊。

于是，后来就有了荀子的自然之天以及建立在自然之天基础上的性恶之说，就是大家耳熟能详的那句"人之初，性本恶"。由此，也就衍生了汉唐实然基础上的"善恶混"，以及"三品说"等。这些虽然对性做了一些阐释，但是依然没有解决最根本的问题，那就是超越的根据在哪里。这样一来，性的问题便形成了一种二裂对反的局面：一方面，人们固然可以接受孟子的性善论，但却无法解释实然的恶；另一方面，人们虽然也可以从实然的角度总结出"善恶混""三品说"等，却又无法说明性的超越根据。

所谓汉唐儒学的"天人二本"最重要、最直接的也就表现在性的二裂与对反上，而张载为了对汉人进行纠偏补弊所提出的"天人合一"之说，也就必须在性论上得到体现。

"天人合一"既是张载探究性问题时的既定的理论前提，同时又是一种有待落实，有待兑现的基本指向。而天人合一也就规定了，当他在探究天道的时候必须考虑人道，当他在斟酌人道的时候也不能避开天道，他的性论就是一种天道与人道相互包含，互相渗透的性论。

天性与物性

从这一点出发，"天性"或"物性"必然成为其性论的起始。而这里的天性并非指其后来所说的天地之性，"天地之性"指的是天地赋予人的本性，是从人道的角度来说的，"天性"实际上是指天自身的性质，是从天道而言的。因此，张载说："天性，乾坤，阴阳也，二端故有感，本一故能合。"又说：

"天包载万物于内，所感所性，乾坤，阴阳二端而已。"这里的"二端"既可指乾坤、阴阳自身的二端；亦可指由乾坤，阴阳所构成的统一体的二端。从前者来看，是指一物两体的太极与作为乾坤之统一的太虚；所谓感，即指阴阳二气与乾坤二德的互感。从后者来看，则也可指太虚（神）与太极（气）在太和之中的互感。而《正蒙》开篇的"太和所谓道……屈伸之始"，正可以说是太虚与太极的互感。从这个角度看，天性，即生生万物的所谓的内在的机制，也就是太和。而"性即天道"与"太和所谓道"，也正可以在这一意义上互通。

至于"物性"，其实就是天性的具体化或实然化。如"天性在人，正犹水性之在冰，凝势虽异，为物一也"。这就是说无论是物性还是人性，从其生发原理而言，都是天性的具体表现，就好像冰是水的具体的表现一样。从物性作为天性的具体表现来说，它自然可以进行再分析，再分化，但是，由于天性本身即是超越性与内在性的统一，因而当其与物性相对而言时，往往是指太虚本体之性，而物性也就变成了气的攻取之性或气性了。

这样作为太虚之性的天性与作为太极之性的气性，便同时内化，统一于具体事物的内部，成为事物内部本然和实然两个不同层面的指代了。这样一来，超越的原则便内化为事物内部的对待原则，成为事物内部性与感的关系，也就是事物内部的内在机制。

- 07 -
"一分为三"与"三分为一"

　　宋代思想家与理学家张载提出了"一分为三"与"三分为一"的观点，那么究竟所叙述的是何物？其中又蕴含了怎样的道理？它又表达了张载怎样的思想？

"一分为三"

　　所谓的"一分为三"即张载把宇宙万物的起源分为三个部分，即"太和"、"太虚"与"太极"。《正蒙》的开篇说："太和所谓道，中含浮沉，升降，动静，相感之性……不如是，虽周公才美，其智不足称也已。"众所周知，张载"以易为宗"，也就是说他的思想是与《易传》的思想一脉相承的，但是其中又有突破。

　　《易传》中"乾坤并建"是宇宙的起始，也就是说天地万物的出现是这个宇宙的起源。而张载却以《易传》中的"保和太和，乃利贞"中的"太和"作为对宇宙的初始规定。实际上这正是张载造道"意识"的体现，也表现了张载对《易传》的研究之深入——得乎其中而超乎其外。

　　因此如果将《易传》理解为以阴阳生化来开天辟地的宇宙论，那么《正蒙》的开篇所体现的则是超越于宇宙论的本体论。这里所提到的"太和"显然高于"起之于易"与"效法于简"的乾坤，自然也高于阴阳，"气"与"神"也都是其基本的组成部分。所以，从"太和"的地位来看，它正是张载对于宇宙起源的生发模式，它是高于《易传》的。

就这三个概念的地位与作用来看，最重要的是"太和"；最难以把握、最易引起分歧的则是"太虚"；而出现最晚，相应的含义最为明确的则是"太极"。

"太极"源于《易传》的"易有太极，是生两仪"，这里的"太极"是作为宇宙论天地之始的概念。后来又出现了"四段说"和"五段说"等，它们都认为"气"是原始，是统一。不过从始源性的角度来看，"太极"只能指阴阳未判的原气，而不能指阴阳已分之气，而气本身却可以指代两者。因此张载常用气而很少用太极，但是太极作为气之阴阳未判的规定则是值得肯定的。

"太虚"则是张载最为常用的一个概念，也是理解其哲学性质最为关键的一个概念。《诗经》中写道："民今方殆，视天梦梦。"这里的"梦梦"虽然具体含义难以确定，但是可以确定的是这是对天的描写。在《皇帝四经·道原》中写道"恒先之初，洞同太虚，虚同为一，恒一而止，湿湿梦梦，未有明晦"。后来据考证，"湿"疑是"混"字的误写，"梦梦"的意思和今天的"茫茫"差不多。在汉代以后，"太虚"一词便被理解为天地的始源，宇宙的根本。那么张载的"太虚"论是如何区别于汉代宇宙论的太虚始源说呢？对此，张载是通过对佛老的批判来回答的。

"三分为一"

张载在《正蒙·太和篇》篇中认为，所谓的"有生于无"，不仅因为它是道家老子的观点而必须避免，更重要的是这种观点只是一种宇宙论模式：有与无是一种相生关系，而这种模式又必然导致本体与现象不共用、不统一，所以张载坚持太虚与气不是相生的先后关系，而是共在而不可分割的关系。这就一刀断开了对虚与气之宇宙始源式的追溯。

另外，太虚与具体事物也不是虚空及其内存事物的关系。因为那样一来，虚与气虽然共在，却又会导致物与虚"不相资"，从而陷入"浮屠以山河大地为见病"之说。显然，在张载看来，太虚与气以及具体事物既不是宇宙论所谓相生的关系，也不是空间与其内含之物的关系，而是作为"天之实"，即超形绝相又内在于万事万物的关系。这样的关系显然是宇宙论所无法说明的，只能从本体的角度来把握。而张载既坚持虚气天人的"对待"，又坚持双方的不可分割，也无疑是将太虚作为既超越于宇宙万物（气）又与万物同时共在的本体来把握。

"三分为一"即"太和""太极""太虚"，三者实际上是"三位一体"的关系。"太极"即指"阴阳未判"的元气，由于它只从"阴阳未判"或"阴阳统一"的角度立说，而"气"则既可指阴阳未判的原气，又可指阴阳二气，故张载只在"一物两体"的含义上使用"太极"的概念，更多的情况则直接用气来表达，这可能就是张载少用"太极"概念的主要原因。

由于太虚既与气包括天地万物的不可分割，又超越于天地万物而为天之"无动摇"的"至一""至实"，因而它也就是天地万物的本体。至于"太和"也就是"太虚"与"太极"的统一；而"太和所谓道"也就是"太虚"与气之"浮沉升降"之迹。这实际上就是以气表虚，以气化言道以及以用言体的应有之义。所以，"太和""太虚""太极"三者正是三位一体的整体，也只有从太虚与太极相统一的角度看，太和才有意义。

在这一前提下，"太和所谓道"实际上就是本体论与宇宙论的同时并建；而"太和"作为道也就是对太虚本体论与太极（气）宇宙论相统一的规定；因而，太和之道的展开，不仅是阴阳二气生化宇宙论的展开，同时也是太虚本体论的展开。

- 08 -

日月五星，随天左旋

张载在宇宙论上有过一个独到的见解，提出了日月五星当随天左旋的理论，这不仅是一反历代历法家所论断的、达成共识的天文规律——以天左旋而日月五星右旋为根本看法。张载的这一革新究竟正确与否，这不仅是一个宇宙论的问题，而且是个科学问题，是值得人们探讨的。然而，张载这一革新背后反映的价值观问题，恐怕更值得我们深入思考。因为这一革新反映的不仅仅是宇宙论层面上的问题，更值得我们深思的是一名纯正儒者的思维方式与价值取向，即应以天为尊，敬天，顺天。

气之生化

在《正蒙·太和篇》谈到气的生化作用时，张载曾说"游气纷扰，合而成质者，生人物之万殊；其阴阳两端循环不已者，立天地之大义"。它的意思是：气，实际上是生成宇宙万物的原因，而气是怎样生成万物的呢？气是通过阴阳两者不停地循环往复来生成万物的。因此阴阳二者也就成了天地万物之所以能够生成所遵循的道理，法则。所以到了《正蒙·参两篇》，当他要给天地万物的生成来做一个实际的说明时，就必须先从阴阳之数说起。于是《正蒙·参两篇》开宗明义道："地所以两，分刚柔男女而效之，法也；天所以参，一太极两仪而象之，性也。"

在这里，"参两"的意思是指《易传》里"参天两地"的阴阳奇偶之数，张载则为这一理数配以"一故神（两在故不测），两固化（推行于一）"的说明。显然张载是以阴阳二气的统一来落实《易传》的"太极两仪"原理。当然，这也就同时将其宇宙论落实到气之阴阳相生上了。在此基础上，就有了"地纯阴凝聚于中，天浮阳运旋于外"的"天地之常体"，而所谓"恒星不动，纯系乎天"，与"日月五星逆天而行，并包乎地"以及"地在气中，虽顺天左旋，其所系反向随之"。便构成了张载关于天地运行的大略图像。

对于张载的这一宇宙天体的理论，明末清初对天文历法颇有研究的王夫之曾从历法的角度指出其"所言日月疾迟与历家之言异"，并以"天象高远，不能定其孰是"为由认为《叁两》为《正蒙》一书中最为可疑的一章。因是天文历法的具体知识，王夫之当然有资格对张载的看法进行批评和修正。

但在张载看来，他的这一天体演化理论却不仅仅是为了说明天文历算，而是为了说明整个世界，为了解释所有的自然天象。所以对于这种思想，现代的杜维明教授一方面称其为"宇宙论的玄想"，意即说明通过直观玄想以说明宇宙的起源，另一方面又认为其阴阳对立互渗且相互作用的观念是中国古代有机自然观的典型表现。从天文学的角度看，张载这一套天体演化理论确实代表了当时最高的认识水平，是别具一格的"宣夜浑天"合一说。而从对后世的影响来看，朱熹的宇宙论也主要是继承了张载的思想，甚至连其"理一分殊"都有受张载思想影响的痕迹。

从哲学的角度来看，这种理论与其说表现了张载关于宇宙天体演化方面的知识，不如说表现了作者对自然界阴阳对立且相互作用的看法。张载的这一关于宇宙论的基础正是其哲学基石之一。作为哲学的观念，张载的这一思想正好可以刷新人们对于中国古代天道观的认识。

张载的宇宙论

张载的天体演化论是以实然存在的宇宙论展开的，这是张载哲学的一大特色，也从根本上决定着其哲学本体论与宇宙论的比重和结合方式。而这也成为后来部分人对张载哲学体系"诟病"的一个诱因。

对于张载这种从实展开的宇宙论，由于人们以前过多的拘泥于唯物主义与唯心主义的对立，因而给了一定的弘扬，以至于为了保住张载的唯物之一身份认为其不是理学家，其开创的"关学"也不属于理学；或者承认张载的理学家身份，但又认为张载不是唯物主义，或者说不是纯正的唯物主义者。

这说明，两军对战的教条模式不仅使人们要在唯物与唯心之间艰难抉择，而且还要在理学与唯物论之间痛苦地周旋，以至为了两面的保全而不得不挖空心思地去寻找张载的各种"内在矛盾"。实际上这不仅脱离了张载哲学的本真，也将其排除于理学崛起的时代思潮之外了。就张载来说，虽然其《正蒙·参两篇》是一种关于宇宙天体的演化理论，但其哲学的总体性质毕竟不全由《正蒙·参两篇》决定。在它之前，有《正蒙·太和篇》为之定向；在它之后，又有《天道》为之贞定。张载的天道观有虚气相即并建、本体论与宇宙论的交叉互渗等。

至于"日月五星，随天左旋"从科学的角度来说到底正确与否，对于一个纯正的儒家人士来说，已经没有太多的意义了。正如阮籍驾车出行，到底目的地是哪里根本不重要，重要的是在赶路。要想理解儒者的这种心态，不妨再来看看《世说新语》中的记载。王徽之雪夜兴起，挥桨前去访问好友戴逵，船儿行了一夜眼看快到了，他却掉头回去，仆人问其缘由，他说："吾乘兴而来，兴尽而归。就是这么简单，哪有那么多为什么？"张载的天道观和宇宙观也是如此，有的只是以儒家为基础的理论观念，并未进行刨根问底的挖掘实践。